Desafios da notícia

Desafios da notícia

O jornalismo brasileiro ontem e hoje

Alzira Alves de Abreu

FGV EDITORA

Direitos desta edição reservados à
EDITORA FGV
Rua Jornalista Orlando Dantas, 37
22231-010 | Rio de Janeiro, RJ | Brasil
Tels.: 0800-021-7777 | 21-3799-4427
Fax: 21-3799-4430
editora@fgv.br | pedidoseditora@fgv.br
www.fgv.br/editora

Impresso no Brasil | *Printed in Brazil*

1ª edição: 2017
Preparação de originais: Ronald Polito
Projeto gráfico de miolo e diagramação: Ilustarte Design e Produção Editorial
Revisão: Domingos Xisto | Fatima Caroni
Capa: Humberto Nunes/Lampejo Design

Ficha catalográfica elaborada pela
Biblioteca Mario Henrique Simonsen

Abreu, Alzira Alves de
Desafios da notícia: o jornalismo brasileiro ontem e hoje / Alzira Alves de Abreu. — Rio de Janeiro : FGV Editora, 2017.

228 p.
Inclui bibliografia.
ISBN: 978-85-225-1958-3

1. Jornalismo. 2. Jornalistas. 3. Jornalismo eletrônico. 4. Imprensa e política. I. Fundação Getulio Vargas. II. Título.

CDD — 070

SUMÁRIO

INTRODUÇÃO

A intenção que nos fez preparar este livro foi a de trazer ao leitor textos sobre jornalismo e jornalistas, apresentados em seminários e congressos de história e ciências sociais, ao longo dos últimos anos, e publicados nos anais desses eventos.

O objeto de nossas pesquisas concentrou-se, em grande parte, no período da ditadura militar (1964-85), marcado pela censura aos meios de comunicação. Ao mesmo tempo, foi o momento em que a mídia passou por grandes transformações técnicas, com novas concepções redacionais, gráficas e editoriais, e ocorreram mudanças na formação e na atuação dos jornalistas. Os textos ora apresentados refletem esse momento histórico.

Decidimos dar maior divulgação aos temas tratados, o que permitirá ao leitor acompanhar as etapas distintas de produção do jornalismo impresso, até chegar ao jornalismo eletrônico e abrir possibilidades para novos estudos e reflexões.

O primeiro dos 12 textos selecionados aborda a introdução da informação digital, o que determinou mudanças profundas na mídia, tanto na forma de apresentar as notícias quanto em sua distribuição. Esse jornalismo exige um novo tipo de jornalista: ele deve ter conhecimento de diversas áreas de mídia e saber utilizar diferentes formatos e linguagens. O público do jornalismo digital é em geral mais jovem. Para discutir o tema, ouvimos os jornalistas.

O segundo texto discute o jornalismo investigativo, que se tornou um modelo para os profissionais brasileiros a partir dos anos 1980. No fim do regime militar (1985) e durante a redemocratização do país, a mídia passou a dar grande ênfase ao jornalismo investigativo e, em especial, ao "denuncismo". Ao colaborar na derrubada do regime autoritário, a imprensa ganhou credibilidade e legitimidade no público leitor e buscou agir para desvendar mentiras e mostrar a disfunção da democracia. A investigação levou ao excesso de denúncias envolvendo políticos, empresários, policiais, militares e outros, em negócios considerados ilícitos e que merecem o exame da Justiça e da polícia.

Em seguida, apresentamos questões sobre acontecimento e mídia, em que se ressalta a importância de analisar o acontecimento nos momentos de crise política. O historiador, ao reconstruir o passado e trabalhar com o presente, usa como fonte a imprensa. Como forma de trabalhar e criticar fontes históricas, é fundamental entender o processo de construção e narração dos fatos e acontecimentos pela imprensa.

O jornalismo de utilidade social é um dos caminhos que devem ser explorados na análise da imprensa brasileira na fase de pós-redemocratização do país. O conceito de utilidade social identifica a ação dos jornalistas como tendente a servir aos interesses concretos dos cidadãos. Mas esse jornalismo estaria em contradição com as exigências do profissionalismo reivindicado pelos próprios jornalistas, para os quais, no exercício da profissão, devem prevalecer valores não partidários, não ideológicos e uma atuação distante dos acontecimentos. O jornalismo de "utilidade social", no Brasil, se manifesta por meio de várias alternativas, entre elas a de prestador de serviços ao público — os jornais abriram espaço para queixas e reivindicações dos leitores.

Outro tema discutido no livro é o papel da mídia na construção da cidadania. A mídia é hoje uma das principais forças que interferem no funcionamento e na transformação da sociedade. A ação da mídia está voltada para servir aos interesses concretos dos cidadãos. A informação é um dos elementos fundamentais para que o indivíduo exerça plenamente seus direitos. A informação transmitida pela mídia permite ao cidadão alargar seu conhecimento sobre as questões públicas. Isso faz com que a mídia influencie a formação do pensamento político e social. Existem, porém, limites para a atuação da mídia na construção da cidadania; é o que buscamos mostrar no texto em pauta.

Algumas perguntas são indicadas no estudo sobre a forma como o jornalista obtém informações por intermédio de fonte privilegiada, quando o nome do informante permanece em sigilo. A partir de rápidas considerações sobre o problema, chega-se à questão do uso das informações transmitidas sigilosamente para o jornalista e que serão adotadas como fonte de pesquisa pelo historiador, como um documento histórico.

A análise da atuação da mídia durante o regime militar (1964-85) permite entender a reestruturação das empresas jornalísticas e a decisão de criar as editorias de economia, utilizadas pelos jornalistas como ambiente de resistência à ditadura. Tais editorias foram substituindo o noticiário político, que estava sob forte censura. Para os militares, o espaço dedicado à economia era o de menor risco, porque as informações eram basicamente sobre o setor público e os dados e índices eram oficiais, fornecidos por agências do governo. O estudo que realizamos sobre o tema, especialmente sobre o jornal *O Globo*, permite entender a orientação ideológica dos jornalistas. Por outro lado, o comportamento dos "donos dos jornais", e no caso específico de *O Globo*, se mostra distante daquele que lhes é normalmente atribuído.

As transformações ocorridas na imprensa brasileira durante as últimas décadas determinaram não só mudanças na estrutura empresarial e na gestão administrativa, como grandes investimentos em equipamentos e a introdução de novas técnicas, o que forçou o jornalista a se adaptar aos novos tempos econômicos, políticos, sociais e culturais. O texto sobre os jornalistas brasileiros na transição para a democracia analisa o comportamento desses profissionais e identifica como eles se comportaram e que estratégias empregaram para que determinadas políticas pudessem emergir na fase de transição e consolidação do regime democrático.

Em continuidade ao estudo das mudanças no Brasil ao longo dos anos 1970-90, analisamos as motivações políticas que levaram muitos jovens ao jornalismo, o que era visto como uma forma de exercer engajamento político. Com a volta ao regime democrático, a imprensa passou a valorizar os aspectos mais técnicos, mais profissionais do jornalismo, em detrimento de ideologias e da política. Foi também o momento de desilusão política com o socialismo, com a desagregação do regime comunista, com o desprestígio da ideologia marxista e com o fim das utopias de construção de um mundo socialista mais justo. O jornalismo praticado hoje é, em geral, apartidário, despolitizado e pluralista.

Uma análise das relações entre a mídia e o Ministério Público é um dos temas ao qual dedicamos um estudo incluído neste livro. Ao investigarmos o papel social que os procuradores de Justiça e os jornalistas se atribuem e desempenham, procuramos lançar luz sobre a contribuição desses atores para a construção e/ou ampliação da cidadania. Para garantir uma atuação independente e enfrentar as deficiências ligadas ao Judiciário e à polícia, os procuradores buscam se articular por meio da mídia. Os jornalistas, por outro lado, buscam os procuradores para obter informações sobre os processos em investigação, informações que muitas vezes não podem ser reveladas, já que comprometeriam o andamento do processo. Procuramos mostrar os problemas e os conflitos que surgem nessa relação.

Ainda um tema que merece ser aprofundado é o papel da mídia diante dos mecanismos de repressão e censura instalados no regime militar. O texto aborda o papel que a revista *Veja* desempenhou no processo de denúncia à censura, utilizando figuras de diabos como solução para, diante das partes censuradas, fechar a edição. Mas a "cultura demoníaca" impediu a revista de informar os fatos e os acontecimentos mais importantes do período.

Para finalizar, em "O jornalismo como objeto de estudo" discutimos a atuação da mídia no tratamento dado aos acontecimentos e a ausência de estudos sobre seu papel histórico. Até recentemente a mídia não recebia a atenção dos estudiosos. Buscar uma explicação para essa ausência é um dos objetivos do texto. A mídia era vista como formada por agentes subordinados em relação a suas fontes, como simples reprodutora de um discurso proveniente de outros atores e instituições. Até os anos 1970, historiadores e cientistas sociais usaram as informações da mídia para construir suas análises sobre diferentes temas, ou seja, a mídia como fonte histórica. Foi a partir dos anos 1980-90 que historiadores, cientistas sociais e estudiosos da mídia se interessaram em focalizar a forma de construir a notícia, a linguagem, a modernização das redações e das empresas midiáticas. Só recentemente foram iniciados estudos sobre o papel dos jornalistas e dos repórteres nos acontecimentos históricos, bem como sobre sua formação.

Convém fazer duas observações sobre o material aqui reunido. A primeira é que alguns trechos se repetem ao longo das páginas: como os artigos foram redigidos, nos últimos anos, para diferentes públicos e a respeito de questões sobre o mesmo tema de análise, tornou-se necessário reiterar determinadas explicações sobre a atuação dos jornalistas e do jornalismo. A segunda é que certas informações constantes nos textos (a situação profissional de alguns jornalistas citados, por exemplo) referem-se à época em que foram escritos. Como as datas abrangem um período de 20 anos (de 1996 a 2016), é importante assinalar esse decurso temporal.

Este livro teve a ajuda e a participação de colegas do Centro de Pesquisa e Documentação de História Contemporânea do Brasil da Fundação Getulio Vargas (FGV/CPDOC) e de colegas e funcionários de outras instituições. Não é possível enumerar os nomes de todos que nos auxiliaram. A todos, nossos sinceros agradecimentos.

1 JORNALISMO ELETRÔNICO*

Vivemos um momento de grandes transformações na imprensa. O desenvolvimento tecnológico, em especial da informática, introduziu mudanças significativas nas empresas jornalísticas, o que põe em questão a imprensa escrita. Hoje, o jornalismo digital, o webjornalismo, é o novo jornalismo.

Até o momento, não há consenso sobre a terminologia usada para o jornalismo praticado na internet. Encontramos entre diferentes autores os termos: "jornalismo digital", "jornalismo eletrônico", "jornalismo multimídia", "jornalismo online" e ainda o "ciberjornalismo". O termo "jornalismo eletrônico" seria o mais abrangente do ponto de vista tecnológico (Mielniczuk, 2003). Entre as características desse novo jornalismo, estão a instantaneidade de transmitir um fato, a interatividade mediada pela tecnologia e a adoção de várias linguagens (além do texto e de imagens estáticas, podem ser utilizados áudio e imagens em movimento).

* Texto enviado à XIX IOHA Conference. Bengaluru (Índia), 2016.

Quais problemas surgem no contexto do jornalismo eletrônico? A internet tornou-se um ambiente de busca de informações para muitos jornalistas que tentam se atualizar por meio desse recurso. Mas a quantidade de informações disponíveis e a seleção daquilo que será transformado em notícia podem levar a dificuldades para a checagem da veracidade da informação. As informações disponíveis na internet são de qualidade muito desigual. Se por um lado há grande diversidade de informação e de ideias, por outro é possível a publicação de informações inventadas ou simples suposições de acontecimentos. Devemos lembrar que a apuração da notícia é extremamente importante no jornalismo. O levantamento de informações, de dados, a apuração dos fatos, o confronto com diferentes fontes são fundamentais na elaboração da notícia. O jornalista é responsável pelo trabalho de investigação: cabe a ele consultar documentos, entrevistar fontes de informação, observar os acontecimentos e extrair deles os dados necessários para construir a notícia. No contexto do jornalismo eletrônico, o internauta, ou seja, o usuário pode participar, tornando-o útil e benéfico para os jornalistas. As empresas de comunicação, para atrair o público da internet, vêm oferecendo mecanismos de participação, convite para ser colaborador, uma fonte de informação, estimulando o internauta a enviar vídeos e fotos. Entretanto, da perspectiva jornalística, a possibilidade de interação com o público demanda maior capacidade de discernimento e apuração por parte do profissional, de modo que as colaborações recebidas possam ser apenas fontes complementares. A notícia que será divulgada para o público tem de ser trabalhada pelo jornalista; caso contrário, pode levar à perda de controle do processo de produção da informação. Por outro lado, o jornalismo eletrônico exige rapidez na divulgação da notícia, o que demanda muito mais agilidade por parte do jornalista. A apuração dos fatos corre o risco de ficar comprometida.

Entre alguns estudiosos da mídia, há a ideia de que o jornalismo e os jornalistas, como intermediários da imprensa escrita, vão desaparecer diante da internet.

O que está mudando?

Antes do jornal digital, a imprensa passou por um período de mudanças na forma de produzir o jornal em papel. As redações foram digitalizadas — o instrumental tecnológico tornou-se fundamental na confecção do jornal. Todas as etapas foram digitalizadas, os filmes, os fotolitos etc. Essas mudanças levaram também à introdução de novas formas de gestão das empresas, que tiveram de se modernizar.

A informatização dos jornais brasileiros teve início nos anos 1980. O jornal *Folha de S.Paulo* foi o primeiro a extinguir as máquinas de escrever, em 1983. *O Globo*, *O Estado de S. Paulo*, *Zero Hora* e outros passaram a utilizar terminais de computadores em suas redações. Em 1995, foi lançado o *Jornal do Brasil Online*, e, em 9 de julho de 1995, a *Folha de S.Paulo* deixou de ser publicada só em papel e entrou na internet com a *Folha Web*.

Houve uma evolução rápida do jornalismo eletrônico. Inicialmente, os grandes jornais impressos simplesmente faziam a transposição de algumas matérias e editoriais para a internet. Com o desenvolvimento da internet, os grandes jornais passaram a explorar novas experiências, utilizando os links e os e-mails para fazer contato com os leitores; entretanto, o jornal eletrônico ainda estava vinculado ao jornal impresso. Em seguida, surgiram os jornais eletrônicos com uma estrutura técnica avançada, conectada por links que podem ser textos, sons e imagens. As notícias podem ser atualizadas constantemente e no momento mesmo em que os fatos estão ocorrendo, e o espaço utilizado é maior do que o do jornal impresso e com custos menores.

Os principais veículos de mídia no Brasil se lançaram na internet. Eles estão se dedicando a fazer um jornalismo com conteúdo de alta qualidade, que seria a "chave para reforçar a ligação com o leitor nas diferentes plataformas" (*O Globo*, 10 nov. 2015).

O jornal *O Estado de S. Paulo* inaugurou em abril de 2016, em seu canal do YouTube, um programa de notícias voltado para o público jovem. O programa resume e comenta as principais notícias publicadas no jornal durante a semana em um vídeo de até três minutos. O conteúdo do programa é feito com uma linguagem adaptada para o público jovem que se informa com os meios digitais.

Os jornais procuram lançar aplicativos para celulares e *tablets* em que o leitor tem participação: pode enviar textos e fotos, e é chamado a opinar e fazer críticas.

As novas tecnologias da informação, em especial as digitais, determinaram mudanças na produção do jornalismo. Observa-se a reestruturação do exercício da profissão, novas especializações são exigidas, novas relações com as fontes são estabelecidas. Os jornalistas tiveram de passar por uma reciclagem. Inicialmente os responsáveis pelo jornalismo online eram os mesmos do jornalismo impresso. Agora o jornalista é obrigado a ter amplo conhecimento de várias áreas de mídia, deve estar preparado para utilizar vários formatos de mídia e várias linguagens. Atualmente é exigido do candidato a jornalista da internet que tenha capacidade de, entre outros atributos, redigir notícias, produzir fotografias, áudio, vídeo, construir páginas web, transpor conteúdos impressos ou audiovisuais para a rede, acrescentar hiperligações, fornecer interfaces que permitam aos utilizadores o recurso à base de dados diversos, desenvolver comunidades online particularmente por meio de linhas de chat (Bastos, 2010). Assim, fica clara a diferença entre o jornalista dos últimos 20, 30 anos e os que atuam hoje. As especialidades dos jornalistas tendem a desaparecer.

Outro ponto que chama a atenção é o fato de que muitos jornalistas lançaram blogs, em que se manifesta um jornalismo mais "autoral", em geral apresentado com o nome do jornalista que o escreve. Esses blogs têm a assinatura de profissionais que já se destacaram na mídia tradicional (Adghirni e Pereira, 2006). Os blogs que abordam a política nacional são os que têm grande número de acessos, como o do jornalista Ricardo Noblat e o do também jornalista Josias de Souza, da *Folha de S.Paulo*. Por outro lado, os jornais que mantêm portais na internet reforçam as equipes de blogueiros com seus jornalistas de maior visibilidade. Um exemplo é o jornal *O Estado de S. Paulo*. Fazem parte da equipe nomes como os de Celso Ming, Dora Kramer, Eliane Cantanhêde, Sonia Racy, entre outros (*O Estado de S. Paulo*, 8 abr. 2016).

De acordo com a jornalista Alice-Maria,

> antigamente, é bom lembrar, o repórter tinha um bloquinho, uma caneta, talvez um gravador; na redação, um telefone e uma máquina de escrever, geralmente antiga. Ele não se preocupava com a parte técnica. E mais: em muitos casos, havia o repórter, que apurava as informações, e o redator, que escrevia o texto. É claro que nem todos eram assim; havia também muitos repórteres com texto próprio. Hoje em dia, os jornalistas já chegam às redações com pleno domínio da tecnologia, do computador, de como explorar bem a internet, com celular etc. São os instrumentos essenciais para exercer a profissão nos dias de hoje [entrevista, 2015].

A imprensa escrita no Brasil é dirigida para um público de classe média e alta. O rádio e a televisão são os meios de comunicação que atingem o público de baixa renda.

A pesquisa de Telma Johnson indica que 50% dos editores-chefes dos jornais eletrônicos que participaram de sua pesquisa sobre jornais eletrônicos, em 1997, responderam que buscavam leitores das classes A e B, porque eles poderiam pagar ou ter acesso aos computadores e conectar-se à internet. Por outro lado, 33% disseram que o jornal eletrônico, que eles chefiavam, não tinha ainda definido um público e 16,1% responderam que buscavam novos leitores. O mesmo estudo mostrou que 94,1% dos que responderam ao formulário da pesquisa não acreditam que os jornais eletrônicos vão substituir os jornais impressos no Brasil.

O público da internet é em geral jovem, e é para esse público que as empresas vêm dirigindo sua programação. Entre os adolescentes de 12 a 15 anos, 32% se informam por sites, como Facebook, e 27% dos jovens de 16 a 24 anos usam os sites para obter informações. Essa porcentagem cai para 7% entre os adultos com mais de 25 anos (*Folha de S.Paulo*, 8 jul. 2015). Ainda de acordo com o Instituto Verificador de Comunicação (IVC), a circulação das edições digitais dobrou em 2014. Cresceu 118% ao passar de 228.994, em 2013, para 500.370, em 2014.

Observa-se que em vários países, como França, Inglaterra e Estados Unidos, os jornais em papel enfrentam dificuldades: muitos deixaram de ser publicados e outros perdem assinantes e receitas publicitárias. A explicação está ligada, em parte, à crise econômica global que reduziu o investimento em publicidade. De outro lado, encontra-se a concorrência do jornalismo eletrônico. Os blogs e os sites não necessitam de papel nem de tinta, não precisam manter grandes redações e empregam poucos profissionais. Os assinantes online pagam um preço bem menor do que os assinantes da versão em papel. Uma explicação para a crise também poderia estar ligada ao esgotamento da forma como o debate político é feito pela imprensa escrita. A população quer transmitir suas opiniões, quer ser ouvida. A informação digital é rápida e alcança os vários setores sociais.

Como nos mostra Marcos Palacios (2009:255), um dos estudiosos do jornalismo digital,

> sempre que se fala de novas tecnologias, chegamos a discussões do tipo: "bom, isso vai fazer com que então tal forma desapareça "ou "como agora tudo é digitalizado, não vai existir mais jornal impresso, não vai existir mais filme nacional". Essas discussões são em grande medida ociosas, no sentido de que nós sabemos que uma outra tendência absolutamente histórica é a convivência de diferentes formatos expressivos, midiáticos ou não midiáticos. Que

o que ocorre em grande medida em situações de transformações como a que estamos vivendo são recombinações, estabelecimento de novas relações de diferentes formatos expressivos, muito mais do que desaparecimento. Por outro lado, essas formas já existentes também são digitalizáveis. Essa é uma peculiaridade da tecnologia digital: ela existe enquanto presente, mas também tem a característica de se projetar para trás. As formas anteriores expressivas, as formas culturais e os produtos culturais são também digitalizáveis e digitalizados.

Outra questão que deve ser pensada é o papel a ser desempenhado pelos jornalistas diante do crescimento da massa de informação disponível aos cidadãos. Ainda de acordo com Palacios (2003), "torna-se crucial o papel desempenhado por profissionais que exercem funções de 'filtragem e ordenamento' desse material, seja em nível jornalístico, acadêmico, lúdico etc.".

Ouvindo os jornalistas

Para discutir o tema, trabalhamos com os depoimentos de jornalistas por meio de entrevistas realizadas em dois momentos distintos e com objetivos diferentes. Em um primeiro momento, estávamos interessados em entender as experiências dos jornalistas durante o regime militar (1964-85); as entrevistas foram realizadas nos anos 1990 e no início dos anos 2000. O roteiro abrangeu dados básicos de origem social, formação profissional, trajetória de vida, formas de exercer a profissão e o entendimento que tinham de seu papel social. Os entrevistados também foram levados a falar especialmente sobre a modernização da imprensa e seu posicionamento e atuação no momento de grandes transformações técnicas por que passavam as empresas midiáticas; inclusive, as entrevistas levaram os jornalistas a falar sobre o novo jornalismo, o jornalismo digital.

Em um segundo momento, foram ouvidos jornalistas, para essa pesquisa, sobre jornalismo eletrônico, em entrevistas realizadas no ano de 2015. O roteiro dessas entrevistas foi limitado ao tema.

A pesquisa utilizou também informações colhidas em revistas especializadas, jornais diários e revistas semanais, assim como entrevistas de jornalistas para jornais, revistas e programas de televisão sobre jornalismo eletrônico. Esse material foi de extrema importância para o entendimento do problema em análise.

Qual é a posição dos jornalistas em face das mudanças e como eles percebem a possibilidade de o jornal impresso desaparecer? Como eles pensam as transformações? O que será exigido dos novos jornalistas, como intermediários? Ao analisarmos os depoimentos orais que obtivemos e as entrevistas concedidas pelos jornalistas a jornais, revistas e programas de televisão, destacamos as imagens que aparecem com mais frequência. Não detectamos grandes diferenças entre os depoimentos que nos foram dados e as entrevistas aos meios de comunicação. Uma imagem que aparece com mais frequência é a de que o jornalismo em papel vai existir ainda por muito tempo. Para alguns jornalistas, a predominância do jornalismo digital é vista como parte da evolução tecnológica.

Ancelmo Gois, ao falar do jornalismo digital, sintetiza o que pensam muitos jornalistas sobre essa questão:

> Nós estamos falando de uma área que aquele que disser que sabe certamente é um sujeito mal-informado, porque é uma área ainda muito nebulosa. Ela era nebulosa há 20 anos, quando, mais ou menos, se começou esse debate e o impressionante é que, 20 anos depois, continua havendo mais interrogações do que ponto-final nessa questão. A reação mais forte no meu coração, no meu sentimento... é de grande melancolia, de grande tristeza e achando certas horas que a minha profissão tem mais passado do que futuro. Pode ser apenas um — e espero que seja apenas um — estado

> de espírito, mas está todo mundo muito atordoado, porque é um campo marcado por incertezas [entrevista, ago. 2015].

Ancelmo aborda uma questão que parece pouco analisada no jornalismo da internet: a apropriação de matérias, sem citar os autores do texto copiado. No jornal em papel isso é mais difícil; na internet, segundo ele, "todo mundo faz". Na internet não é só copiar; o problema é que o jornalista da internet usa o texto do outro para emitir opinião, dando a impressão de que ele fez uma pesquisa e conhece todos os detalhes do assunto tratado.

A jornalista Alice-Maria, diretora executiva da Globo News, ao tratar das novas tecnologias e das mudanças introduzidas no jornalismo, afirma:

> Agora, com a agilidade que temos hoje, é preciso estar ainda mais atento à qualidade da informação... Hoje, muitas informações são jogadas na internet sem que estejam devidamente apuradas, confirmadas. Com a facilidade com que a informação circula, e com a concorrência que existe, é preciso ter muito cuidado, muita responsabilidade e muita segurança para dar uma informação. São esses cuidados que fazem a diferença entre a credibilidade ou não de um veículo [entrevista, 2005].

Para muitos jornalistas, ainda é difícil dizer o que vai ocorrer com a imprensa. Segundo Otávio Frias Filho, diretor da *Folha de S.Paulo*, o primeiro jornal a lançar edição na internet, "está havendo uma diversificação da empresa, [...] a criação do Universo Online também foi um passo importante no sentido do jornal plantar uma posição consistente nessa parte de informação em tempo real". Ele considera que, "de fato, ninguém sabe definir exatamente qual vai ser o futuro da imprensa propriamente dita e em que medida ela vai continuar funcionando no formato papel, e que ela vai transitar com maior velocidade para o formato eletrônico" (entrevista, 1997).

Outra jornalista do mesmo jornal, Eleonora Lucena, afirma:

> Acho que hoje se discute muito o futuro do jornal, como o jornal vai sobreviver a essa circunstância de bombardeio de informação de tudo quanto é lado. O leitor está sendo disputado por uma série de meios de comunicação. E como produzir um jornal dentro dessa circunstância. Essa é uma discussão que ocorre no mundo inteiro. Como atrair o leitor mais jovem, o leitor que é considerado mais refratário ao jornal. E isso é objeto de discussão de todos os dias, como é que se produz um jornal mais adequado, mais no compasso das demandas desse leitor mais jovem. Não se tem uma resposta. Não tem uma fórmula, uma resposta pronta [entrevista, dez. 1997].

Adiante, diz: "Acho que o jornalismo está num momento de renovação, de nova definição sobre seu papel na sociedade".

Alberto Dines indica que o jornalismo impresso é a essência do jornalismo e não será extinto diante do digital. Vai haver, segundo ele, uma convivência dos dois, e o jornalismo impresso deverá se adaptar aos novos tempos (entrevista, 1997).

O diretor de um dos maiores grupos de comunicação e um dos proprietários do jornal *O Globo* e da Rede Globo, João Roberto Marinho, ao ser questionado sobre a informação em tempo real, a internet, considerou que haverá uma

> convergência de meios, computador, telecomunicações, enfim, ninguém sabe direito o que vai ser, como é que vai acontecer; de alguma maneira, vai acontecer. Nós, como um grupo de empresas de comunicação, entendemos que quem for bom em conteúdo e tiver boa marca, no futuro, vai ser importante sempre, independente do meio com o qual você vai chegar ao seu leitor, telespectador ou internauta [*Roda Viva*, 1996].

Ele levanta a questão do público que vai ter acesso aos novos meios de informação:

> O que eu acho mais interessante desse mundo novo que está por vir é procurar entender como é que as pessoas vão se relacionar com esses meios. E isso é o mais difícil hoje. Colocar um jornal na internet é coisa mais fácil [...]. *O Globo* está entrando na internet, vai ter sua homepage, e a TV Globo já tem alguma coisa na internet [...]. Acho que o desafio é como as pessoas, como a nova geração, a geração de nossos filhos, que se formaram diante de um terminal de computador, como é que eles vão se relacionar com esses meios; como é que eles vão se informar diariamente, que tipo de informação vai interessar, que tipo de serviço vai interessar. Esse é o desafio. Acho que ninguém tem essa resposta.

O jornalista Roberto Civita, do Grupo Abril, que edita revistas de grande sucesso como *Veja* e *Exame*, a respeito das novas tecnologias e da mídia impressa, diz que o importante é o conteúdo. Papel e tinta são problemas do fabricante de papel e da tinta. O que tem que ser pensado "é o que temos para dizer, como dizemos, como organizamos, como apresentamos" (*Roda Viva*, 1996). Ele considera que o futuro é do jornal eletrônico, mas isso será para as futuras gerações. Para ele, o mais importante no debate sobre a relação entre imprensa escrita e a internet é o conteúdo: "Estou mais preocupado com o futuro da palavra escrita do que com o meio físico que a suporta. Eu tenho medo, o meu receio, o meu pesadelo é: e a palavra escrita? E não o papel e a tinta".

Jayme Sirotsky, dirigente de um dos grupos de mídia mais importantes do país, é presidente do Conselho de Administração do Grupo RBS (Rede Brasil Sul), que publica o jornal *Zero Hora*, entre outros. Com sede em Porto Alegre, a RBS atua principalmente nos estados do Sul do Brasil: Rio Grande do Sul e Santa Catarina. Ao ser perguntado sobre o que vai acontecer com o jornal em papel diante da chegada da imprensa digital, respondeu "que não está no horizonte visual de uma geração qualquer modificação radical, como o desaparecimento do meio impresso, quer jornal, quer revista. Haverá uma óbvia adequação" (*Roda Viva*, 1996). Ele acrescentou que o jornalismo digital é uma nova alternativa de informação que nos dá hoje a condição de viver numa sociedade que está mais informada do que nunca. A informação, via internet, de acordo com Sirotsky, não pode existir sem a mediação de um jornalista.

Uma opinião contrária ao jornalismo eletrônico foi a de Rui Mesquita, um dos dirigentes do jornal *O Estado de S. Paulo* e pertencente a uma das mais tradicionais famílias de jornalistas do Brasil. Ele afirma não conseguir entender o funcionamento de um computador e, diante das discussões sobre o futuro dos jornais, julga impossível prever o que vai ocorrer. Quanto à possibilidade de a revolução tecnológica contribuir para o aperfeiçoamento do jornalismo, considera que a transferência do jornalismo escrito para o digital vai "promover a atrofia da inteligência humana" (*Roda Viva*, 1996).

Pedro Doria é editor executivo de plataformas digitais de *O Globo* e responsável pelo jornal em papel. Tem uma formação dupla: trabalha em plataformas digitais e no jornalismo impresso. Ao falar sobre a situação atual do jornalismo, afirma que

> as pessoas estão se informando muito mais via redes sociais. E estamos em um período em que as pessoas estão começando a ler muito em celulares, é inteligente. Mas tudo que a história da internet nos diz é que as pessoas são cada vez mais digitais, e todas as plataformas são muito transitórias. Nada parece se fixar. Eu não acredito que isso vai ser sempre, não, mas eu acho que a gente vai continuar nessa incerteza por um bom tempo. [...] eu acho que o jornalismo será cada vez mais digital. Acredito em uma convergência das mídias todas. Acho que a televisão, texto, áudio, todas

essas coisas tendem a convergir aos mesmos dispositivos, e haverá mais interação, certamente.

Para esse jornalista,

> o jornal ainda tem vida, porque a média etária do leitor está entre 40/50 anos. Esse cara tem muito tempo de vida. E, como essas coisas são muito fluidas, eu jamais arriscaria dizer: o papel vai acabar. Porque pode haver uma virada, pode haver uma nova mudança de hábitos que consolide o papel. Eu jamais arriscaria dizer que daqui a 15 anos a gente vai estar se informando pela web. [...] Tudo pode acontecer [entrevista, 19 ago. 2015].

Ele acentua, por outro lado, que não é só o jornalismo que está em transformação — tudo está sendo transformado e o profissional da comunicação precisa ter abertura para um conhecimento mais amplo.

Observamos que nossos entrevistados não indicam que a chegada da internet vai levar ao fim do jornal em papel; eles consideram que as diversas tecnologias coexistem e se tornam sistemas de comunicação cada vez mais complexos. O novo sistema não vai suplantar o anterior. Os entrevistados demonstraram que é difícil fazer uma previsão sobre o futuro.

O jornalista Rosental Alves, diretor de jornalismo na Universidade do Texas, discute o novo cenário do jornalismo, mostrando que antes da chegada da internet os jornalistas tinham o privilégio de serem mediadores entre a informação e o público:

> Mas o público descobriu formas de informar-se ele próprio. Isso é muito revolucionário. Isso bota o fluxo de informações em outro patamar. E algumas pessoas se apressaram em dizer que isso significaria o fim do jornalismo, mas isso é uma bobagem. Ao contrário, o jornalismo se torna mais importante quando essa cacofonia

> de informações, essa balbúrdia, acaba se estabelecendo. O jornalismo vira uma instância verificadora das informações que estão circulando e, além do mais, essa balbúrdia passa a ser uma fonte para o próprio jornalista, que passa a ter que monitorar a montanha de informações e esclarecê-las para o público [entrevista, 8 set. 2011].

Entretanto, encontramos em análises acadêmicas, em que há muito material discutindo as consequências da introdução da internet no jornalismo, diversos estudos envolvendo o perigo do possível desaparecimento do jornal em papel. Para alguns, o que está em perigo é a informação, isso porque os jornalistas estão desaparecendo e junto com eles a informação. Segundo Julia Cagé (2015:31), "o debate se concentra na morte da imprensa escrita, mas o importante não é o suporte, é o conteúdo". Em sua pesquisa, ela observa que os jornais norte-americanos, ingleses e franceses estão demitindo um número elevado de jornalistas e contratando especialistas para atuar na web. O *Daily Telegraph* demitiu 80 jornalistas que atuavam na imprensa em papel. O jornal *Le Monde* suprimiu 50 cargos na redação do jornal em papel. Os jornais impressos, segundo sua pesquisa, diminuíram o número de repórteres internacionais; os jornais americanos, por exemplo, eliminaram 24% do número de jornalistas dedicados ao tema entre 2003 e 2010. O tempo dedicado aos acontecimentos internacionais é hoje duas vezes menor do que no final dos anos 1980.

Outro estudo sobre o desaparecimento da imprensa escrita é o de Bernard Poulet (2011), em que ele discute a revolução tecnológica, com a chegada da internet, do ponto de vista da diminuição do interesse da sociedade por informação. Segundo ele, a cada ano há redução do consumo de notícias, não só da imprensa escrita como também da televisão, e a internet não absorve o público desses meios de comunicação. Há um declínio importante do consumo de notícias. Os consumidores da mídia investem cada vez menos recursos financeiros e menos tempo para se informar. Essa situação se agrava quando olhamos para a geração de menos de 30 anos — os jovens não demonstram interesse em se inteirar dos acontecimentos diários.

A ideia do desaparecimento da imprensa em papel e dos jornalistas, como intermediários na produção da comunicação, e de sua substituição pela internet encontra críticos entre muitos analistas da comunicação. Marcos Palacios (2003) afirma que "o desaparecimento do jornalismo (ou pelo menos dos jornalistas como intermediários), em função do desenvolvimento da internet, soa, cada vez mais, como uma simplificação descabida...". Palacios entende que o movimento de constituição de novos formatos midiáticos não pode ser visto como um "processo evolucionário linear de superação de suportes anteriores por suportes novos, mas como uma articulação complexa e dinâmica de diversos formatos jornalísticos, em diversos suportes".

As mudanças a que os jornalistas estão sendo submetidos, com a introdução da internet, têm gerado numerosos estudos sobre as novas exigências profissionais e o surgimento de um novo perfil de jornalista. Sara Meireles Graça (2007:107) indica que o novo

> perfil de jornalista é do tipo "recoletor", cuja tarefa prioritária passa por transmitir online dados "em bruto", em *continuum* noticioso, com pouca margem de manobra para selecionar, classificar, hierarquizar e, sobretudo, interpretar com alguma profundidade os "acontecimentos" que chegam, em catadupa, ao *écran* do seu computador...

Ela ainda diz que "a difusão, em tempo real, de notícias em formato *soft*, de conteúdos ligeiros e em série, é mais importante do que ser fiável, analítico ou contextualizador das matérias informativas veiculadas".

Financiamento do jornalismo eletrônico

A internet, conforme Pedro Doria (entrevista, 19 ago. 2015), é a primeira tecnologia que barateou, simultaneamente, o preço tanto de reprodução quanto de distribuição da informação. Para manter um jornal 30 anos atrás, era necessário ter uma gráfica, comprar grande quantidade de papel e dispor de transporte e estrutura logística para levar o produto a cada banca de jornal. Hoje o jornal continua sendo caro para fazer, precisa de uma redação. Mas a reprodução e a distribuição ficaram praticamente com custo zero.

A crise dos jornais impressos na atualidade está, segundo Ancelmo Gois, ligada ao financiamento do anunciante, que vem migrando, com grande velocidade, do papel para a internet. Segundo ele, porém, o anunciante "não migra da casa do *Estadão* papel para a casa do *Estadão* internet. Quando ele migra do papel, ele se dispersa, esse dinheiro é disperso e vai sendo distribuído em outras alternativas" (entrevista, 13 ago. 2015).

O crescimento das fontes de receitas da imprensa digital é hoje bem maior do que o da imprensa escrita. Enquanto a circulação impressa cresceu 6,4% em 2014, o acesso pago à imprensa digital cresceu 56% (*O Globo*, 4 jun. 2015). São os *smartphones* que têm papel de destaque no acesso pago às notícias online. Os jornais impressos têm um custo superior ao digital e que é sustentado pela publicidade. O jornalismo digital tem um custo menor, não precisa ser impresso, não utiliza máquinas caras para ser preparado.

Entretanto, o jornal em papel gera 93% das receitas e sustenta o negócio. A publicidade digital cresceu 8% em 2014, mas o Google fica com 38% e o Facebook com quase 10%. Em 2014, a assinatura de jornais impressos cresceu 6,4%, enquanto o acesso pago às informações digitais subiu 56%. No Brasil, 22% dos consumidores de notícias pagam assinatura digital (*O Globo*, 4 jun. 2015).

Na internet, o que gera receita é a publicidade da área de economia, em que o leitor não muda de forma rápida de assunto — ele busca entender o tema que está sendo apresentado.

De acordo com informações do jornal *Folha de S.Paulo* (17 jul. 2015), os portais de 65 jornais brasileiros acabavam de inaugurar o Digital Premium, uma rede que permite a veiculação de anúncios digitais simultaneamente em todos eles. Essa iniciativa, no Brasil, atinge mais de 20 milhões de pessoas por mês. Para os anunciantes, é um processo mais rápido e com grande alcance. Antes, para fazer a veiculação de seu produto, um anunciante levava em torno de três dias; agora é no mesmo dia. Também os anúncios podem atingir 50 cidades de 20 estados brasileiros.

Pode-se concluir que a internet está aperfeiçoando o jornalismo, obrigando o jornal em papel a se preocupar com a qualidade da informação, uma forma de concorrer com a internet.

Referências

ADGHIRNI, Zélia Leal; PEREIRA, Fabio Henrique. Perfil profissional no ciberjornalismo: o blog como espaço de autoria e identidade na web. In: ENCONTRO NACIONAL DE PESQUISADORES EM JORNALISMO, IV. *Anais*... Porto Alegre, 2006.

BASTOS, Hélder. *Da implementação à estagnação*: os primeiros doze anos de ciberjornalismo em Portugal. Lisboa: Livros Horizonte, 2010.

CAGÉ, Julia. *Sauver les médias*: capitalisme, financement participatif et démocratie. Paris: Seuil, 2015. Col. La République des Idées.

CHANTEPIE, Philippe; LE DIBERDER, Alain. *Révolution numérique et industries culturelles*. 2. ed. Paris: La Découverte, 2010.

FIDALGO, Antônio; CANAVILHAS, João (Org.). *Comunicação digital 10 anos de investigação*. Coimbra: Minerva Coimbra, 2013.

GRAÇA, Sara Meireles. *Os jornalistas portugueses*: dos problemas da inserção aos novos dilemas profissionais. Coimbra: Minerva Coimbra, 2007.

JOHNSON, Telma Sueli Pinto. *Jornais eletrônicos do Brasil*: a primeira geração. Disponível em: <www.bocc.ubi.pt/pag/johnson-telma-jornais-eletronicos.pdf >. Acesso em: 14 jul. 2015.

MEYER, Philip. *Os jornais podem desaparecer*: como salvar o jornalismo na era da informação. Trad. Patricia De Cia. São Paulo: Contexto, 2007.

MIELNICZUK, Luciana. *Jornalismo na web*: uma contribuição para o estudo do formato da notícia na escrita hipertextual. Tese (doutorado), Programa de Pós-Graduação em Comunicação e Cultura Contemporânea, UFBA, Salvador, 2003.

____. *Características e implicações do jornalismo na web*. Disponível em: <www.facom.ufba.br/jol/pdf/2001_mielniczug_caracteristicasimplicacoes.pdf>. Acesso em: 14 jul. 2015.

PALACIOS, Marcos. Ruptura, continuidade e potencialização no jornalismo online: o lugar da memória. In: MACHADO, Elias; PALACIOS, Marcos (Org.). *Modelos de jornalismo digital*. Salvador: Calandra, 2003.

____. Memória digital. In: SAVAZONI, Rodrigo; COHN, Sergio (Org.). *Cultura digital.br*. Rio de Janeiro: Beco do Azougue, 2009.

POULET, Bernard. *La fin des journaux et l'avenir de l'information*. 2. ed. Paris: Gallimard, 2011.

SAVAZONI, Rodrigo; COHN, Sergio (Org.). *Cultura digital.br*. Rio de Janeiro: Beco do Azougue, 2009.

SONNAC, Nathalie; GABSZEWICZ, Jean Jaskold. *L'industrie des médias à l'ère numérique*. 3. ed. Paris: La Découverte, 2013.

WOLTON, Dominique. *La communication, les hommes et la politique*. Paris: Odile Jacob, 2015.

Periódicos

Folha de S.Paulo. São Paulo, 8 jul. 2015; 17 jul. 2015.
O Globo. Rio de Janeiro, 4 jun. 2015; 10 nov. 2015.

Entrevistas

Alberto Dines. Entrevista à autora. São Paulo, 3 dez. 1997; Rio de Janeiro, 29 dez. 1997.
Alice-Maria. Entrevista à autora. Rio de Janeiro, 6 jan. 2005.
Ancelmo Gois. Entrevista à autora. Rio de Janeiro, 13 ago. 2015.
Eleonora Lucena. Entrevista à autora. São Paulo, dez. 1997; maio 2005.
João Roberto Marinho. Entrevista ao programa *Roda Viva*, 1996.
Otávio Frias Filho. Entrevista à autora. São Paulo, 8 dez. 1997.
____. Entrevista ao programa *Roda Viva*, 1996.
Pedro Doria. Entrevista à autora. Rio de Janeiro, 19 ago. 2015.
Roberto Civita. Entrevista ao programa *Roda Viva*, 1996.
Rosental Alves. A internet não é uma fonte de informação, é um meio. *Época*, 8 set. 2011.
Rui Mesquita. Entrevista ao programa *Roda Viva*, 1996.

2 JORNALISMO INVESTIGATIVO EM QUESTÃO*

Ao longo do processo de redemocratização do país (1978-85), com a conquista gradativa da liberdade de expressão e o fim da censura à imprensa, o jornalismo brasileiro entrou em uma nova etapa de sua história com o surgimento do "jornalismo de denúncia". Inicialmente, o modelo norte-americano de investigação foi se impondo aos jornalistas até os anos 1990, com a predominância do chamado "denuncismo".

Esse tipo de jornalismo tem dado maior visibilidade aos processos de tomada de decisão e de condução de políticas públicas, o que pode resultar em uma ampliação da cidadania e, ao mesmo tempo, induzir a uma maior responsabilidade na prestação de contas das pessoas públicas. Essa prática jornalística é vista de forma contraditória. Para alguns autores, ela teria um papel positivo na democracia, já que tenderia a mostrar comportamentos obscuros nos quais existem solidariedades duvidosas e perigosas

---

* Parte do texto apresentado na XVI International Oral History Conference. Praga (República Tcheca), 7-11 de julho de 2010.

entre elites políticas, poder econômico e *lobbies* diversos. Para outros estudiosos do tema, ao contrário, esse tipo de jornalismo oferece um espetáculo perigoso e perverso, que pode causar danos à credibilidade e à confiança da população em suas elites, sua classe política e suas instituições (Charon e Furet, 2000).

Para discutir o tema, trabalhamos com uma amostra de 57 jornalistas selecionados entre os que ocupam hoje os cargos de direção e chefia nas redações ou são responsáveis pelas colunas dos jornais do Rio de Janeiro, de São Paulo e de Brasília. Entrevistamos esses jornalistas segundo um roteiro que cobria os dados básicos de origem social, formação profissional, trajetória de vida, formas de exercer a profissão e entendimento que têm de seu papel social. A pesquisa utilizou também informações levantadas em revistas especializadas, em jornais diários e revistas semanais. Os dados obtidos indicam que os jornalistas brasileiros, ao longo das últimas décadas, passaram por uma reestruturação em suas estratégias e posições, decorrente das mudanças políticas, econômicas e tecnológicas que ocorreram na sociedade e que repercutiram no sistema cultural. O perfil dos jornalistas mudou, comparando-se os que ocupam hoje as posições estratégicas e de maior prestígio na mídia àqueles que ocupavam essas posições até os anos 1970.

Entre os jornalistas entrevistados, um número significativo considera que o jornalismo investigativo desapareceu no Brasil durante o regime militar (1964-85) e deu lugar ao "denuncismo", expressão negativa que indica uma visão crítica do jornalismo praticado atualmente.

Com base na pesquisa de Silvio Waisbord (2000) sobre o jornalismo investigativo na América Latina, verificamos que ele caminha no sentido contrário a essa afirmação, ao demonstrar que até 1970, praticamente, esse tipo de jornalismo não tinha espaço na América do Sul, mas avançou no Brasil, deixando para trás um passado em que "as organizações da mídia sacrificavam a denúncia dos abusos do poder em troca de benefícios econômicos e tranquilidade política".

Jornalismo investigativo e denuncismo: raízes de uma prática profissional

O caso Watergate (1972-74) foi sem dúvida um marco para o jornalismo contemporâneo e se tornou o modelo de jornalismo investigativo para os profissionais brasileiros. É verdade que antes de Watergate já se praticava o jornalismo investigativo — o próprio trabalho do jornalista implica investigação —, mas a atuação de Bob Woodward e Carl Bernstein, os jornalistas do *Washington Post* que levaram à renúncia o presidente dos Estados Unidos Richard Nixon, determinou a emergência e a valorização de uma forma de praticar o jornalismo que envolve a pesquisa e a investigação.

Acrescentar-se o método de trabalho utilizado à palavra "jornalismo" já indica a importância dada ao jornalismo investigativo. Antes existiam as distinções entre jornalismo político, econômico, esportivo, científico etc., ou jornalismo de rádio, televisão, imprensa escrita; agora passou a ser valorizado o método de obter a informação.

Esse método está mais presente na imprensa escrita do que na televisão, porque as características dos veículos são diferentes. A apresentação de um "caso" com todos os personagens envolvidos, todos os detalhes necessários à sua compreensão e à sua explicação, não pode ser feita em apenas alguns segundos do noticiário televisivo.

A partir de Watergate, numerosas tentativas de estabelecer uma definição para a prática do jornalismo investigativo foram empreendidas pelos estudiosos da mídia. Uma das definições adotadas pela literatura norte-americana é a que dá ênfase aos métodos que os repórteres usam para obter a informação. O Investigative Reporters and Editors (1993) considera que só o repórter que obtém por seu próprio trabalho e iniciativa informações sobre instituições ou pessoas que estão empenhadas em esconder do público suas formas de atuar pode ser designado como um investigador. O repórter que simplesmente transmite os resultados da pesquisa feita por outros, que não conseguiu ele mesmo chegar aos segredos bem guardados, não pode se considerar um repórter investigativo. Nessa definição, desvendar o segredo é a chave para a identificação do investigador.

Nessa linha de análise, Ralph Negrini (1996) vê no jornalismo investigativo a busca de uma revelação por meio do esforço de juntar peças de informação, em oposição à recepção passiva do repórter que obtém revelações mediante o vazamento de informações.

Atualmente, outra definição avalia que o levantamento e a análise de um grande número de informações obtidas com fontes públicas podem também ser qualificados como jornalismo investigativo quando a revelação de um segredo para o público é o resultado de esforços e iniciativas dos repórteres, mesmo que eles não tenham conduzido o trabalho original e tenham recebido a informação de outros. Nesse caso, eles estabeleceram as relações entre os fatos e os personagens envolvidos e foram capazes de obter das fontes os dados necessários para juntar e analisar as peças.

Outra linha de análise identifica o jornalismo investigativo tanto por suas consequências quanto por seus métodos: o importante é a divulgação para o público de informações sobre abusos do poder.

Waisbord (2000) mostra que o significado de jornalismo investigativo varia de acordo com a tradição da imprensa e com as condições em que o jornalismo é praticado. As definições correntes desse tipo de jornalismo refletem a experiência e as práticas dos Estados Unidos. Waisbord trabalha com um conceito mais amplo, que inclui o jornalismo "cão de guarda" e alternativamente *muckraking*, ou seja, a investigação e a denúncia da corrupção política e administrativa.

Observa-se, tanto na América Latina quanto na Europa e nos Estados Unidos, uma valorização do jornalismo investigativo voltado para a denúncia dos "negócios" e da corrupção. De acordo com Waisbord (2000), a dependência por parte dos repórteres da investigação de informações confidenciais e documentos passados por fontes oficiais leva ao denuncismo. O termo se refere à facilidade de denúncias sem evidências suficientes, produto de informações passadas por uma ou duas fontes. O denuncismo seria uma deformação do jornalismo investigativo, caracterizada pela pouca investigação independente e alimentada por meio do "cultivo" de fontes de informação. Nesse tipo de jornalismo, predomina o sensacional, a narração de uma história dramatizada, em que a denúncia não é fundamentada, o registro dos fatos não é feito com isenção. Estamos próximos do que nos Estados Unidos é chamado de "jornalismo dinamite": o repórter publica basicamente aquilo que faz muito barulho.

Esse tipo de jornalismo incentivou o surgimento de uma nova categoria de jornalista, que se projetou profissionalmente pela divulgação de grandes escândalos. Muitos lançaram em seguida livros com relatos dos casos que cobriram e em geral obtiveram sucesso editorial.

A investigação, como indica Marchetti (2000:30-40), é o produto e o revelador de uma concorrência tanto comercial quanto profissional — as duas dimensões estão ligadas. Para entender a importância que esse tipo de jornalismo adquiriu no campo político, devemos relacioná-lo com as mudanças que afetaram os universos político e judiciário. Como assinala Marchetti, essas mudanças são na verdade um sintoma de uma série de mudanças externas ao campo jornalístico. Houve um aumento do custo das atividades políticas, o desenvolvimento de novas técnicas (sondagens, *marketing*, comunicação) e a transformação estrutural da ação pública. A luta política adquiriu formas midiáticas e formas mais morais, e os políticos passaram a usar a "moralidade" como arma política para qualificar ou desqualificar os adversários. Essas formas encontraram grande ressonância no eleitorado e no público leitor.

A imprensa recebe hoje elevado número de documentos e informações sobre diferentes assuntos ligados à política, a negócios empresariais e à atuação de personagens de grande visibilidade pública. Nesse processo, ela acaba desempenhando o papel de "caixa de correio": acolhe documentos e informações ao lado de sugestões e pistas a serem seguidas na pesquisa. Muitas vezes as informações são preparadas dentro dos gabinetes ministeriais ou parlamentares e por integrantes de comissões governamentais. O que se observa nesses casos é a pouca autonomia da imprensa em relação a outros universos sociais.

A experiência brasileira

Desde o fim do regime militar (1985), o país assiste a uma interminável lista de denúncias envolvendo políticos, empresários, policiais, militares e outros, em negócios considerados ilícitos e que merecem o exame da Justiça e da polícia. Muitas dessas denúncias levaram à renúncia de ministros, à perda de cargos de altos funcionários da administração pública, à cassação de deputados e senadores e ao *impeachment* de dois presidentes da República.

A mídia esteve no centro de todos esses processos, seja como coadjuvante, fazendo a investigação na busca de dados e informações para desvendar os negócios ou ações ilícitas, seja como denunciante, sendo mera repetidora do que lhe foi transmitido por meio do vazamento de informações.

A importância que assumiu o jornalismo investigativo, em especial o denuncismo, na fase de redemocratização do país pode estar relacionada à desilusão política que viveu a geração de jornalistas que iniciou a vida profissional no auge do engajamento político, que escolheu a profissão como uma forma de intervenção social e de participação política. Essa geração, nascida no pós-guerra, tinha envolvimento com organizações políticas, é o que indica nossa pesquisa. Dos jornalistas que fizeram parte de nossa amostra, 43% foram filiados a partidos ou movimentos de esquerda, e desse grupo 61% declararam sua filiação ao Partido Comunista Brasileiro (PCB) durante os anos 1960-70. Os outros 39% se distribuem entre os vários movimentos de esquerda que atuaram no final dos anos 1960 e que atraíram um grande número de jovens universitários com propostas de mudanças sociais por meio da luta armada.

A escolha da profissão de jornalista foi uma forma de exercer um engajamento político,[1] de divulgar uma ideologia e de atuar politicamente. No final dos anos 1960, foram os dissidentes do PCB que utilizaram a imprensa como forma de engajamento. Esses jornalistas se mobilizavam em torno da luta pela garantia das liberdades democráticas, pelos direitos dos cidadãos, contra a ditadura, em defesa da classe operária, dos oprimidos. Em suma, participavam de ações em prol de uma sociedade mais justa, mais igual, defendendo a implantação de um regime democrático ou de um regime socialista.

Durante o regime militar, muitos jovens jornalistas exerceram seu engajamento político na chamada "imprensa alternativa", que oferecia suas páginas para discutir as posições políticas das organizações clandestinas e denunciar as arbitrariedades do regime.

No Brasil, ao colaborar na derrubada do regime autoritário, a imprensa ganhou credibilidade e legitimidade no público leitor. A legitimidade do jornalismo de investigação manifesta-se em sua pretensão de agir como contrapoder. Ele teria uma ação terapêutica ao desvendar mentiras e mostrar o não funcionamento da democracia. Mas o poder político também está interessado na divulgação dos segredos que encobrem a corrupção, na medida em

[1] Sobre o conceito de engajamento político, ver principalmente: Prost (1998:14-26), Perrot (1998:4-13) e Sartre (1945, 1948).

que existe o "vazamento" desse tipo de informação para a imprensa. Este é o outro aspecto da questão: a relação entre imprensa e poder, uma relação de muita cumplicidade, muita proximidade e muito fascínio daquela por este. A imprensa é vista pelo poder político e econômico como um instrumento, como um meio de transmitir determinadas informações que podem destruir um adversário político, um concorrente. A informação é passada para o jornalista porque alguém está interessado em divulgá-la. Logo, todo vazamento de informação tem um lado de manipulação.

No Brasil esses jornalistas atuam em geral na imprensa escrita, e são as revistas semanais as que mais se destacam nesse tipo de jornalismo. Na disputa pelo leitor, as revistas precisam lançar a cada semana um novo escândalo envolvendo personalidades da vida pública, seja da política, do meio artístico, do empresarial e/ou do esportivo, com revelações sobre questões que na maioria das vezes envolvem a Justiça e a polícia.

A maior participação da imprensa escrita nessa nova especialidade jornalística é uma demonstração das transformações que ocorreram na mídia nas últimas décadas. De um lado, a concorrência da televisão e o surgimento de numerosas revistas na competição pela publicidade obrigaram a imprensa escrita a se diferenciar da televisão mediante um trabalho investigativo, com as grandes revelações de corrupção — e a revista semanal dispõe de mais tempo para pesquisar do que os jornais diários e a televisão. De outro lado, a imprensa escrita e as revistas semanais de política transformaram-se em grandes empresas, com altos custos de produção e a introdução de novas máquinas e da informática, o que as obrigou a buscar ampliar o público leitor e a publicidade, única forma de vencer a competição.

O fenômeno do jornalismo de denúncia ocorreu no Brasil com a abertura política, quando a "imprensa se descobriu com uma liberdade como ela nunca tinha tido antes. Durante algum tempo, ela administrou mal essa liberdade. Excessivamente. E partiu-se para o excesso de denúncias. Isso se acelera no processo que levou ao *impeachment* do presidente Collor", afirma o jornalista Luiz Garcia (entrevista, 6 ago. 2000).

Foi nesse momento que entraram em cena novos personagens denunciantes, que passaram a atuar junto da imprensa: os procuradores da República. Os procuradores ganharam importância recentemente, a partir da Constituição de 1988, quando o Ministério Público teve um crescimento institucional significativo e lhe foi atribuído o *status* de quarto poder.[2] Antes de 1988, era uma instituição ligada ao Executivo, responsável principalmente pela ação penal pública nos tribunais. A Constituição (art. 129, II-IV) deu ao Ministério Público controle sobre os poderes Executivo e Legislativo, "através da ação direta de inconstitucionalidade, fiscalização do patrimônio público e dos serviços de relevância pública, representação para fins de intervenção e funcionamento perante o Tribunal de Contas" (Macedo Júnior, 1995:45). O Ministério Público brasileiro tem atribuições que não são encontradas em nenhum outro no mundo. Foi-lhe dado atuar na defesa do consumidor, na proteção do meio ambiente, no controle e defesa dos direitos constitucionais do cidadão e na defesa da criança e do adolescente. O Ministério Público apresenta dois ramos: o da União e o dos estados. O da União divide-se em Ministério Público Federal, Ministério Público Militar, Ministério Público do Trabalho e Ministério Público do Distrito Federal e dos Territórios. A forma como está organizado o Ministério Público não só proporciona a seus integrantes uma grande independência em relação aos outros poderes, mas garante, em seu interior, uma

[2] O Ministério Público destina-se à defesa da ordem jurídica, do regime democrático e dos interesses sociais e individuais indisponíveis. No desempenho dos deveres profissionais, seus membros não estão subordinados a nenhum órgão ou poder — nem ao Poder Executivo nem ao Poder Legislativo. Estão sujeitos ao controle de órgãos superiores e diretivos da instituição (Procuradoria-Geral da Justiça, Colégio de Procuradores, Conselho Superior do Ministério Público e Corregedoria-Geral do Ministério Público). Ver Mazzilli (1989).

independência funcional. Cabe à instituição o recrutamento de seus membros, que usufruem vitaliciedade, inamovibilidade e irredutibilidade dos vencimentos.

Esses novos personagens, os procuradores da República, que agora fazem aliança com os jornalistas, são, de acordo com a pesquisa de Castilho e Sadek (1998), jovens, pertencentes à geração nascida nos anos 1960, predominantemente do sexo masculino (71,6%). A origem familiar dos integrantes do Ministério Público Federal está na classe média e na classe média baixa, o que indica um processo de mobilidade social recente, que pode exercer influência nas formas de atuação e percepção da profissão. Por outro lado, os dados da pesquisa de Castilho e Sadek indicam que

> a maior parte dos atuais procuradores e procuradoras optou por atuar no Ministério Público Federal pouco tempo após diplomar-se em Direito. O perfil extremamente jovem dos integrantes da instituição é também reforçado pelo fato de que a maior parte (53%) dos procuradores e procuradoras está no Ministério Público há menos de três anos [em relação à data em que a pesquisa foi realizada]. Apenas uma minoria — 18,5% — ingressou na instituição antes da promulgação da atual Constituição. Os demais, 28,5%, passaram a integrar o MPF entre 1989 e 1994.

Quanto ao posicionamento ideológico dos procuradores, de acordo com a pesquisa, 53% se autoclassificam como de centro-esquerda, 26% como de centro e 11% como de esquerda. Nenhum dos entrevistados disse pertencer à direita. Ainda de acordo com a pesquisa de Castilho e Sadek, os procuradores da República estão descontentes e são muito críticos em relação à administração da Justiça: 94,5% julgam que há uma crise na Justiça do país. Ao mesmo tempo, para o bom desempenho de suas atribuições, eles têm de enfrentar uma série de limitações, sobretudo ligadas ao Judiciário e à polícia, que na maior parte das vezes atuam no sentido de dificultar o trabalho dos procuradores. Ainda, eles têm de ultrapassar as barreiras impostas pelo poder político.

É possível que, para enfrentar essas deficiências, para garantir uma atuação independente, eles busquem se articular por meio da midiatização da imprensa. Eles transmitem informações para os jornalistas sobre os processos e denúncias que estão apurando ou querem apurar e esperam a repercussão dessas notícias para aprofundar as investigações. Mas os jornalistas pouco fazem para chegar a essas denúncias e apurá-las; em geral, dependem mais do papel que exercem os procuradores ou políticos que lhes transmitem os dados. De acordo com a visão de Luiz Garcia, "a imprensa pode estar cheia de denúncias, mas essas denúncias não nascem dela, não se originam de um trabalho realizado por ela" (entrevista, 6 ago. 2000).

Como cabe ao Ministério Público denunciar ou investigar os atos que não respeitam os interesses sociais e apurar e propor medidas judiciais de ação penal pública e ação civil pública, os procuradores, no desempenho de suas funções, acabam por criar fatos políticos, que encontram na mídia grande ressonância. Surgem então interesses convergentes.

Os procuradores usam a mídia como forma de abrir caminho para suas investigações, muitas vezes meras especulações ou processos ainda em fase de investigação. A mídia utiliza essas informações, principalmente quando se trata de temas envolvendo personalidades da vida pública, para ampliar suas vendas, no caso de jornais e revistas, ou sua audiência, no caso de rádio e televisão. A posição de muitos jornalistas em relação a esse tipo de jornalismo é a de cautela, de preocupação com suas consequências e mesmo de crítica.

Paulo Henrique Amorim, ao analisar o denuncismo da mídia no Brasil, estabelece uma comparação com a trajetória da imprensa americana pós-Watergate. Segundo ele, a denúncia levou à construção de um tipo de profissional cínico e sem compromisso social, sem compromisso com a comunidade. O determinante na escolha da notícia é a competição mercadológica. Hoje, a imprensa americana está fazendo a autocrítica dessa posição, os jornalistas se perguntam se eles não estão perdendo o sentido da responsabilidade social, se não estão destruindo instituições que não merecem ser destruídas. A discussão que os americanos estão travando hoje — se eles não são cínicos demais, críticos demais, iconoclastas demais — é o resultado de um longo processo, que foi muito criativo, muito rico: "Eu acho que fazer um jornalismo inquisidor, um jornalismo implacável, um jornalismo de ir fundo nos problemas, não poupar ninguém, de não ter partidarismo nenhum, tem aspectos muito positivos" (entrevista, 20 maio 1997). Mas Paulo Henrique chama a atenção para o fato de que o ceticismo levado às últimas consequências dissocia o jornalista da sociedade, faz com que ele não tenha compromissos com o destino da sociedade, com as instituições sociais.

O jornalista Maurício Dias analisa o papel da imprensa de outra perspectiva. Em suas palavras, ela "sofre hoje uma deformação. A demanda por justiça que existe na sociedade brasileira leva o jornal a se transformar em tribunal. Isso, em parte, porque a justiça está falhando, não funciona" (entrevista, 7 dez. 1995). Já Clóvis Rossi identifica o fenômeno do denuncismo e sua generalização com o *impeachment* de Collor:

> A imprensa, com exceção da *Folha de S.Paulo*, comprou a imagem do estadista Collor e logo depois teve que refazer essa imagem. Ao mesmo tempo, deu-se o fim do comunismo, e a imprensa não precisou mais preservar a imagem dos políticos conservadores. Aqui ocorreu a mesma situação que se deu na Itália, com a Democracia Cristã. Todos sabiam que ela era constituída de um grande número de políticos corruptos, mas a imprensa conservadora preservava esses políticos porque eles eram necessários para barrar o comunismo. Quando o comunismo deixou de ser uma alternativa

> eleitoral, implodiu o sistema partidário italiano. No Brasil, aconteceu um pouco a mesma coisa, os políticos tipo Collor eram vistos como barreira contra o comunismo, mas, na medida em que o comunismo já não mais ameaçava, a mídia entrou no "denuncismo". Quer dizer, você podia denunciar políticos conservadores, até o presidente da República, porque não haveria riscos de essa denúncia beneficiar a esquerda ou o comunismo internacional [entrevista, 27 maio 1997].

Por outro lado, Merval Pereira identifica o denuncismo como ligado a resquícios da ditadura,

> consequências do regime militar de que ainda não nos livramos. O jornal e os jornalistas achavam que, para terem credibilidade, para serem independentes, tinham que ser contra tudo e contra todos, denunciar, encontrar defeitos em tudo. Isso foi importante em alguns casos mas provocou erros. Atualmente os jornais estão preocupados com essa forma de fazer jornalismo [entrevista, 22 ago. 1997].

Dora Kramer, ao falar das mudanças que ocorreram na imprensa nas últimas décadas, vê a denúncia como um dos aspectos mais negativos do jornalismo na atualidade: "A denúncia frágil, que não tem comprovação, que gera um sentimento de que todo mundo, inclusive a imprensa, está envolvido, é uma coisa que me incomoda muito" (entrevista, 15 abr. 1998).

Ao analisarem as transformações sofridas pelo jornalismo, alguns jornalistas não só identificam o regime militar como responsável pelas mudanças estruturais que afetaram as empresas jornalísticas, como consideram que o regime de censura e de repressão teria também influenciado o tipo de jornalismo praticado hoje. Henrique Caban afirma que

> a imprensa perdeu muito, nos últimos anos. A ditadura militar foi importante, nesse sentido, porque ela meio que liquidou o repórter investigativo, e nós acabamos tropeçando; o repórter antes fazia investigação e passou agora ao denuncismo, se denuncia tudo que ninguém investigou. O problema do jornalista hoje é que, ao sair para cobrir uma matéria, ele já tem uma pauta predeterminada pela redação. Ele vai para a entrevista para obter aquelas informações preestabelecidas. Se não obtém, ele escreve assim mesmo. Isso é o fim da reportagem de investigação. O papel da imprensa, hoje, deveria ser o de fazer a investigação e a análise dos seus resultados. Caberia à televisão a notícia primária. O público vê o jornal de televisão e no dia seguinte vai buscar explicações na imprensa escrita [entrevista, 15 maio 1998].

Para os jornalistas que entrevistamos, o público não se interessa pela política praticada hoje. Daí, segundo Evandro Carlos de Andrade, diretor de jornalismo da Rede Globo, recém-falecido,

> o interesse jornalístico sair em grande parte dessa área e ganhar outras áreas como a questão ambiental, saúde, corpo. Isso passa a ser hegemônico. A política, a não ser em momentos de eleição ou momentos especiais, é um blá-blá-blá muito grande. Na imprensa escrita ainda se pode discutir a essência de uma reforma institucional ou temas semelhantes, mas na televisão não é possível. Não se pode ser explicativo em um jornal de televisão [entrevista, 29 out. 1997].

Jornalistas e procuradores em ação

A denúncia da violação do painel eletrônico do Senado, durante a votação da cassação do mandato do senador Luiz Estevão de Oliveira (PMDB-DF) em junho de 2000, quando Antônio Carlos

Magalhães (PFL-BA) era presidente do Senado, pode ser um indicador das questões aqui discutidas.

No dia 19 de fevereiro de 2001, o chefe da sucursal da revista *IstoÉ* em Brasília, Tales Faria, recebeu por telefone, da Procuradoria da República no Distrito Federal, a informação de que o senador Antônio Carlos Magalhães estava na sede da Procuradoria junto com seu assessor de imprensa, Fernando César Mesquita. A revista enviou dois fotógrafos para registrar a saída do senador e de seu assessor do prédio da Procuradoria. Em seguida, os repórteres Andrei Meireles e Mino Pedrosa fizeram contato com o procurador Luiz Francisco de Souza, que recebera a visita do senador, junto com dois outros procuradores, Guilherme Schelb e Eliana Torelly. Os repórteres queriam obter informações sobre o que se passara nessa conversa com o senador, conversa gravada de forma clandestina, com um gravador fornecido pela revista *IstoÉ*. Os repórteres foram então informados de que o senador orientara os procuradores sobre a melhor forma de chegar aos desvios de recursos financeiros por parte do ex-secretário-geral da Presidência, Eduardo Jorge Caldas Pereira, e conhecer o envolvimento do presidente Fernando Henrique Cardoso nesse processo. Durante o encontro, o senador revelou que tinha uma lista com os nomes dos senadores que haviam votado a favor e contra a cassação do mandato do senador Luiz Estevão de Oliveira, em junho de 2000, apesar de a votação ter sido secreta. Nesse encontro, os repórteres tentaram convencer o procurador Luiz Francisco a lhes dar acesso à gravação.

A motivação do senador Antônio Carlos Magalhães, ao buscar o apoio dos procuradores, era estabelecer uma troca de informações. Ele queria ter acesso a uma gravação que incriminava o senador Jader Barbalho, seu desafeto político, que se elegera para sucedê-lo como presidente do Senado com o apoio do governo federal. Essa gravação estaria com um procurador em Brasília. O senador queria também acesso a um relatório do Banco Central sobre as operações de Jader Barbalho com o Banco do Pará.

A motivação do procurador da República Luiz Francisco de Souza, ao divulgar o conteúdo da conversa com o senador Antônio Carlos, vinculava-se à posição que ele defendia de que sua função era a de "ajudar a sociedade a se livrar da roubalheira, do latifúndio grileiro, da dominação imperialista e da exploração dos humildes" (*Folha de S.Paulo*, 10 set. 2000). Como uma parcela significativa dos procuradores, ele representava o novo engajamento político, em defesa dos direitos de cidadania. Os procuradores da República, segundo os dados obtidos na pesquisa de Castilho e Sadek (1998), consideram que o Ministério Público "deve ter um papel politicamente ativo, socialmente engajado, guiado por um compromisso com a justiça social".

Dentro do Ministério Público, todavia, manifestaram-se posições contrárias à de Luiz Francisco. Os dois procuradores que assistiram à conversa com o senador Antônio Carlos, Guilherme Schelb e Eliana Torelly, divulgaram uma nota na imprensa na qual desautorizavam a divulgação da conversa, por se tratar de questões sob investigação do Ministério Público. Luiz Francisco não quis assiná-la, visto que não teria concordado com alguns pontos da nota. Durante o depoimento na Comissão de Ética do Senado, os dois procuradores defenderam a ética do Ministério Público, e Schelb afirmou: "Não aceito que o Ministério Público se torne um instrumento político ou jornalístico" (*IstoÉ*, 21 mar. 2001). Por outro lado, Luiz Francisco foi denunciado por seus colegas do Ministério Público por quebra de sigilo ao divulgar a gravação da conversa com o senador. Os autores da denúncia foram os procuradores regionais da República Maria Célia Mendonça e João Francisco Sobrinho. Segundo eles, Luiz Francisco não poderia ter divulgado qualquer material para a imprensa até o final das investigações. De acordo com o *Jornal do Brasil* (3 ago. 2001), os procuradores denunciantes eram ligados ao procurador-geral da República, Geraldo Brindeiro, e eram opositores declarados de Luiz Francisco.

Ao se defender das acusações, Luiz Francisco de Souza afirmou que se fosse condenado levaria consigo 80% de seus colegas, inclusive Geraldo Brindeiro, já que ele também passava informações sobre processos em andamento. Ele afirmou que "qualquer procurador ou promotor já deu informações à imprensa sobre os casos que acompanha" (*O Globo*, 4 ago. 2001). Nesse momento, a Associação Nacional dos Procuradores da República saiu em defesa de Luiz Francisco, e em nota à imprensa afirmou que "a exigência de sigilo nas investigações não pode estar acima do interesse público" (*O Globo*, 4 ago. 2001).

A reação dentro do Ministério Público, nesse acontecimento, mostrava haver posições divergentes quanto à atuação dos procuradores. Parece claro que Luiz Francisco não era uma voz isolada. Ele expressava a posição dos que defendem uma ampliação do papel do órgão na luta contra a corrupção, a favor de um maior controle sobre os gastos públicos e de um comprometimento com a construção de uma sociedade mais justa. Mas aparecia também, nesse momento, a posição dos que se mostram contrários à politização do órgão e que condenam a divulgação dos processos em andamento pela mídia.

A conversa do senador Antônio Carlos com os procuradores foi divulgada pela revista *IstoÉ* no dia 22 de fevereiro, com um número especial sobre o assunto, e no dia 28 de fevereiro, com o título "Abaixo da cintura". A divulgação do teor da conversa entre os procuradores e o senador teve enorme repercussão nos jornais de grande circulação do país, nas revistas semanais, como *Veja*, e nas redes de televisão. Provocou a demissão dos ministros e altos funcionários da administração federal ligados ao senador Antônio Carlos, e ao mesmo tempo os partidos políticos se mobilizaram para discutir os rumos que deveriam ser dados à apuração das denúncias.

Se a denúncia de Luiz Francisco monopolizou por meses o noticiário da mídia, nem todos os jornalistas apoiaram sua atitude, e alguns se manifestaram claramente contrários ao papel que ele representou. Em sua coluna do dia 2 de março, Márcio Moreira Alves apresentou o procurador Luiz Francisco como um exibicionista e afirmou que ele

> é capaz de praticar os atos mais desabonadores para ganhar um retrato nos jornais ou alguns segundos nos noticiários de TV. Partidariamente comprometido com a oposição ao governo federal, falta-lhe o cometimento e a isenção política que se espera de alguém que tem a missão de buscar a verdade e de recolher provas para processar quem transgride as leis do país.

A *Folha de S.Paulo*, em texto assinado pelo jornalista Clóvis Rossi, "Fofoca democratizada", concluiu que, ao dar publicidade às declarações de ACM, o procurador Luiz Francisco nada mais fez do que democratizar fofocas dos bastidores do governo, o que, em última instância, não ajudava em nada o Brasil a se livrar da corrupção.

O jornal *O Globo*, já no dia 23 de fevereiro, deu em primeira página, com grande destaque, a reprodução da matéria publicada pela *IstoÉ*, sob o título "Denúncias sem provas de ACM irritam FH, STF, PT, PSDB e PFL". Subtítulo: "Publicação de conversa com procuradores deixa senador isolado". As matérias no final de janeiro e em fevereiro eram desfavoráveis ao senador Antônio Carlos Magalhães e davam ênfase à crise política gerada por suas denúncias, enquanto a violação do painel eletrônico do Senado ficava em segundo plano. A partir de abril, as matérias do jornal ressaltaram a violação do painel eletrônico e o envolvimento dos dois senadores, o então presidente do Senado Antônio Carlos Magalhães e José Roberto Arruda. O jornal acompanhou todo o processo de discussão que teve lugar na Câmara e no Senado, e ouviu e divulgou a opinião de juristas sobre o encaminhamento que deveria ser dado ao assunto.

A *Folha de S.Paulo* deu grande cobertura ao acontecimento e iniciou as reportagens enfatizando a preocupação do senador Antônio Carlos em "se vingar" do senador Jader Barbalho, seu adversário na disputa pela presidência do Senado, e, consequentemente, do presidente Fernando Henrique Cardoso, que teria apoiado essa candidatura. O jornal apresentou também as acusações que foram feitas ao ex-secretário da Presidência, Eduardo Jorge, e os cuidados do governo em evitar a quebra de seu sigilo bancário. A *Folha* criticou o governo de Fernando Henrique, as ações e a postura do senador Antônio Carlos Magalhães e de Jader Barbalho no cenário político brasileiro, e defendeu as instituições que estavam sendo atingidas, o Senado e o Ministério Público. Em março, a *Folha*, em seus editoriais e nos artigos da seção "Opinião", passou a destacar os aspectos ligados à violação do painel, mas continuou a analisar os desdobramentos desse acontecimento e a crise que provocara no governo, com críticas à posição do presidente Fernando Henrique. Ao mesmo tempo, analisava as consequências do fato nas disputas eleitorais de 2002. O jornal fez uma cobertura acompanhando todos os aspectos da apuração da violação do painel eletrônico do Senado. Na segunda quinzena de março, a *Folha* priorizou a discussão em torno das CPIs no Congresso e no Senado. A discussão foi pautada principalmente por dois eixos: o impacto desses processos na política do governo de Fernando Henrique e as disputas entre Antônio Carlos, Jader Barbalho e o presidente da República; a responsabilidade das averiguações de todas as acusações que estavam sendo apresentadas. No final de abril, a discussão sobre a violação do painel voltou a ser destacada, principalmente após as declarações da ex-diretora da Secretaria de Tecnologia da Informação do Senado (Prodasen), Regina Borges, que relatou todos os passos para obter a lista dos votantes, a pedido dos senadores Antônio Carlos Magalhães e José Arruda. Com essa confissão, houve uma mudança na atitude dos senadores e da imprensa. A *Folha* passou a defender a instauração de um processo sério que garantisse as punições pertinentes aos culpados. Em 21 de abril, em seu editorial "Afastamento já", o jornal mostrou que a disputa entre Antônio Carlos e Jader Barbalho atingira proporções até então desconhecidas, e que a única saída plausível seria a renúncia de Arruda, Jader e Antônio Carlos, ou em última instância a cassação dos três. O jornal ouviu intelectuais e cientistas políticos sobre a crise que se instalara no governo devido a esse acontecimento e concluiu que essa crise estaria localizada nas disputas eleitorais de 2002.

A imprensa contribuiu para divulgar o trabalho dos procuradores e estimulou uma atitude simpática no público, em relação à forma como eles atuaram. Embora alguns colunistas tenham feito ressalvas à posição do procurador Luiz Francisco de Souza, as matérias e reportagens eram favoráveis ao papel moralizador que ele vinha desempenhando. A revista *Veja*, em reportagem intitulada "O homem do berimbau", avaliou a atuação de Luiz Francisco desde as críticas que lhe foram feitas em razão do caso da violação do painel até o prestígio que ele angariou entre "pessoas comuns". Relatava a homenagem do Movimento Negro Unificado da Bahia, que o presenteara com um berimbau de prata. E terminava a reportagem com a seguinte frase: "Sai o trombone de ACM e fica o berimbau de Luiz Francisco".

Em maio, quando já era evidente o envolvimento dos dois senadores no episódio, surgiram movimentos estudantis na Bahia, no Rio de Janeiro e em São Paulo pedindo o fim da impunidade. A imprensa divulgou declarações de intelectuais, cientistas sociais e artistas pedindo a punição dos senadores envolvidos. Ao mesmo tempo, personalidades baianas, entre elas Zélia Gattai, Maria Betânia e Gal Costa, pronunciaram-se contra a punição do senador Antônio Carlos Magalhães, apelando para sentimentos regionais, o que criou grande polêmica na imprensa.

A revista *Veja*, em 9 de maio, pressionou o Senado e falou em nome da opinião pública pedindo a cassação dos dois senadores:

"A hora da verdade — a opinião pública quer mandar ACM e Arruda para casa, mas o Senado ainda não sabe o que fazer".

Desde as primeiras reportagens sobre esse fato, o Conselho de Ética e Decoro Parlamentar do Senado deu início à apuração do eventual descumprimento, pelo senador Antônio Carlos Magalhães, de preceitos do Regimento Interno e do Código de Ética, revelados na revista *IstoÉ*. Ao final dos trabalhos de apuração da denúncia feita pelo Conselho de Ética do Senado, este indicou que os dois senadores, Antônio Carlos Magalhães e José Roberto Arruda, tiveram conhecimento da fraude do sistema eletrônico com o recebimento da lista de votação, "no entanto não tomaram quaisquer providências, o que manteve o sistema suscetível a novas violações".[3] O comportamento dos dois senadores configurava prática de irregularidade no desempenho dos mandatos que detinham e foi considerado incompatível com a ética e o decoro parlamentar. No dia 23 de maio, por 13 votos a 2, o relatório do senador Saturnino Braga foi aprovado, pedindo a cassação do mandato dos dois senadores. No dia 24, Arruda renunciou e, no dia 30, Antônio Carlos também renunciou ao mandato, para impedir o julgamento e a cassação de seus direitos políticos.

A imprensa, ao divulgar todos os episódios relacionados à conversa de Antônio Carlos com os procuradores da República, ou seja, ao divulgar condutas não aceitas, de algum modo levou à formação de uma opinião pública favorável à cassação dos mandatos parlamentares, determinando um comportamento não corporativo por parte dos senadores. Sem a intervenção da imprensa, dificilmente o caso teria o desfecho que teve. O acontecimento seria minimizado, e provavelmente não haveria apuração por parte do Senado. Ao permitir acesso do cidadão a informações, a imprensa induz os governantes a agir de acordo com os interesses dos cida-

[3] Vertente Socialista. Gabinete do Senador Roberto Saturnino. Distrito Federal, Senado Federal, 2001.

dãos. Estes podem conhecer a forma de atuar de seus representantes e se mobilizar em torno de determinados valores e aspirações.

Desde 1985 foram cassados 15 parlamentares, a maioria por falta de decoro parlamentar. Embora esse conceito não dê conta dos reais motivos das cassações, todas estão ligadas a práticas ilegais cometidas pelos deputados e senadores. Entre 1946 e 1964, praticamente, houve apenas uma cassação, a de Barreto Pinto, em 1949, por falta de decoro parlamentar. Com a ascensão dos militares ao poder, muitos parlamentares perderam o mandato, mas os motivos eram quase sempre políticos, embora alguns tenham sido acusados de desvios financeiros.

Essa nova atuação dos parlamentares pode significar que nas últimas décadas houve uma ampliação das informações necessárias para que o eleitor possa melhor avaliar o desempenho de seus representantes e pressionar pela sua punição. Mas a relação entre mídia e procuradores da República deve ser também examinada pelo lado do excesso de denúncias sem apuração adequada, o que pode se transformar em um espetáculo perigoso e perverso e se firmar em detrimento da credibilidade e da confiança da população em suas elites, sua classe política e suas instituições (Charon e Furet, 2000).

Também examinando de forma crítica as relações entre mídia e Justiça, Antoine Garapon (1997) chama a atenção para o perigo que essa associação cria, de uma "ilusão da democracia direta" e da "banalização da Justiça". Ele entende que é sob o ângulo de uma concorrência pela manifestação da verdade que se devem olhar as relações entre Justiça e mídia. A mídia, de acordo com o autor, tem a pretensão de um acesso à verdade sem a mediação da Justiça. Isso ocorre devido às falhas da Justiça, e, como resposta a essas falhas, ela não respeita as regras e busca o apoio da opinião pública. Mas essa dificuldade poderia ser controlada se ela não encontrasse um aliado nos juízes. Estes desenvolveram um sentimento de que estão investidos de uma missão redentora em relação ao estado de direito. O interesse superior da Justiça os liberaria do respeito às leis. Os juízes não respeitariam as regras em nome de uma verdade transcendente. Tanto os juízes quanto os jornalistas trabalham com um objetivo comum, que é o de buscar a verdade fora das regras processuais da Justiça. Eles se pensam como os verdadeiros representantes das expectativas sociais e se veem ocupando o lugar da verdade democrática. Com essa perspectiva, chegam rapidamente à denúncia e a se posicionar como substitutos das instituições.

Para Waisbord (2001),

> o jornalismo investigativo não elimina a corrupção, mas permite dar consciência pública da sua existência. Ele não cria por si mesmo ou reforça mecanismos de fiscalização, mas contribui para que se desenvolva uma sociedade mais atenta aos abusos cometidos. Não torna responsáveis aqueles que detêm o poder pela corrupção, mas os força a que respondam por seus atos. Não produz reformas políticas, mas mostra áreas que precisam ser reformadas. Não cura os males sociais, mas pode contribuir para o debate e a busca de soluções. Não tem todas as respostas para os muitos problemas que tem a democracia contemporânea na América Latina, mas pode indicá-las.

No caso brasileiro, devemos analisar esse tipo de jornalismo levando em consideração o fato de que a redemocratização no país se deu paralelamente à desilusão política com o socialismo, ao choque da desagregação do regime comunista, ao desprestígio da ideologia marxista e ao fim das utopias de construção de um mundo socialista mais justo, mais igual. O processo de globalização da economia se aprofundou, o discurso neoliberal penetrou os círculos pensantes do país e, inevitavelmente, as redações e a visão de mundo dos jornalistas.

Este é o momento em que velhas formas de engajamento político desaparecem e são substituídas por atitudes apolíticas; é quando se dá o recuo dos intelectuais, que não desempenham mais o papel de mediadores ou porta-vozes das ideias de mudança e de revolução. Está nascendo um novo tipo de engajamento em que o cidadão tem pouco interesse em uma participação, seja institucional, com a adesão a um partido ou movimento, seja por uma expressão artística, literária ou outras. O engajamento agora se atomizou e se privatizou. O engajamento não tem mais motivação revolucionária, não quer mudar o mundo.

A expansão dos meios de comunicação levou ao homem comum, por intermédio da televisão, todos os acontecimentos, inovações e mudanças que ocorreram no país e no mundo, o que lhe permitiu ter acesso também à noção de seus direitos. Os empresários da mídia perceberam que esse é o caminho para conquistar a audiência na televisão e no rádio ou o leitor de jornal. Uma das consequências imediatas é a preocupação da mídia em denunciar o não atendimento de necessidades básicas do cidadão, como a falta de condições dos hospitais, a ausência de vagas nas escolas públicas, o desrespeito ao consumidor com denúncias de falsificação de medicamentos, a falta de controle de qualidade dos produtos, as violências praticadas pela polícia. E mais, quando ela mostra as indignidades da classe política, seu compromisso com o mundo econômico, os mecanismos de financiamentos ilegais, quando ela levanta o véu sobre os métodos ilegais adotados pelos dirigentes das grandes empresas para obter seus mercados, a mídia preenche a função necessária de assegurar a transparência das instituições. Ela estaria desempenhando a função de um contrapoder (Lederc, 1997:4-6). A denúncia, os escândalos fazem vender jornais e subir a audiência da televisão e do rádio. Isso dá lucro e permite ao cidadão, mesmo que de forma precária e intermitente, o acesso à Justiça. Nesse caso, poder e contrapoder se entrecruzam e se interpenetram (Lederc, 1997:6). A imprensa se torna uma espécie de substituta da instituição judiciária, em que a opinião é que julga.

Para concluir, não podemos deixar de relacionar os métodos usados pela imprensa na atualidade com aqueles usados pelo regime militar, como o controle e a invasão da privacidade do indivíduo. O jornalismo praticado hoje inclui a divulgação de gravações de reuniões e de conversas telefônicas feitas sem autorização judicial e a divulgação de gravações feitas para chantagear ou desabonar a reputação de personagens que não foram investigados nem julgados e que são expostos à condenação prévia pela imprensa. Isso se tornou uma constante e uma forma comercial de vender jornal ou revista. O interesse público justificaria a utilização de um ato ilícito. Os fins justificariam os meios. A imprensa não poderia sofrer limites em sua liberdade de publicação.

Nossa pesquisa identificou algumas orientações do jornalismo hoje: estamos diante de um jornalismo apartidário, despolitizado e pluralista. Ontem, os jornalistas eram engajados politicamente, tinham uma ação dentro de partidos políticos ou movimentos; hoje, são os profissionais, os técnicos, que vivem a crise do engajamento. Nesse contexto, os jornalistas, pela posição que ocupam, nos indicam com maior nitidez as transformações culturais e políticas que estão ocorrendo na sociedade.

Referências

BOURDIEU, Pierre. *Sur la télévision*. Paris: Liber-Raison d'Agir, 1996.

CASTILHO, Ela Weicko V. de; SADEK, Maria Tereza. *O Ministério Público Federal e a administração da Justiça no Brasil*. São Paulo: Idesp; Sumaré, 1998.

CHARON, Jean-Marie; FURET, Claude. *Un secret si bien violé*: la loi, le juge et le journaliste. Paris: Seuil, 2000.

CONTI, Mario Sergio. *Notícias do Planalto*: a imprensa e Fernando Collor. São Paulo: Companhia da Letras, 1999.

DINES, Alberto; VOGT, Carlos; MELO, José Marques (Org.). *A imprensa em questão*. Campinas: Ed. Unicamp, 1997.

EL BUEN periodismo: las contradicciones irresueltas del periodismo de investigación. *Contribuciones*, Buenos Aires, v. 2, n. 70, abr./jun. 2001.

GARAPON, Antoine. Justice et médias: une alchimie douteuse. *Médias Pouvoirs*, nova série n. 1, 1997.

HUNTER, Mark. *Le journalisme d'investigation*. Paris: PUF, 1997.

INVESTIGATIVE REPORTERS AND EDITORS. *The Ire casebook*: 100 selected investigations. Columbia: University of Missouri Press, 1993.

LATTMAN-WELTMAN, Fernando et al. *A imprensa faz e desfaz um presidente*. Rio de Janeiro: Nova Fronteira, 1994.

LEDERC, Henri. Le journaliste contre-pouvoir ou pouvoir marchandise. *Après Demain*, n. 390-391, p. 4-6, jan./fev. 1997.

L'ENGAGEMENT du 20ème siècle. *Vingtième Siècle*, n. 60, out./dez. 1998.

MACEDO JÚNIOR, Ronaldo Porto. Evolução institucional do Ministério Público. In: SADEK, Maria Tereza (Org.). *Uma introdução ao estudo da Justiça*. São Paulo: Idesp; Sumaré, 1995.

MARCHETTI, Dominique. Les révélations du "journalisme d'investigation". *Actes de la Recherches en Sciences Sociales*, n. 131-132, p. 30-40, mar. 2000.

MARTIN, Marc (Dir.). *Histoire et médias*: journalisme et journalistes français, 1950-1990. Paris: Albin Michel, 1991.

MAZZILLI, Hugo Nigro. *O Ministério Público na Constituição de 1988*. Belo Horizonte: Saraiva, 1989.

NEGRINI, Ralph. *The communication of politics*. Londres: Sage, 1996.

OÙ va le journalisme? *Esprit*, Paris, Seuil, n. 12, 1990.

PERRINEAU, Pascal (Dir.). *L'engagement politique*: déclin ou mutation. Paris: Presses de la Fondation Nationale de Sciences Politiques, 1994.

PERROT, Michelle. La cause du peuple. *Vingtième Siècle*, n. 60, p. 4-13, out./dez. 1998.

POULET, Bernard. À gauche de la gauche. *Le Débat*, n. 103, p. 39-59, jan./fev. 1999.

PROST, Antoine. Changer le siècle. *Vingtième Siècle*, n. 60, p. 14-26, out./dez. 1998.

SADEK, Maria Tereza (Org.). *Justiça e cidadania no Brasil*. São Paulo: Idesp; Sumaré, 2000.

SARTRE, Jean-Paul. Présentations. *Temps Modernes*, out. 1945.

____. *Qu'est-ce que la littérature*. Paris: Galllimard, 1948.

WAISBORD, Silvio. *Watchdog journalism in South America*: news, accountability, and democracy. Nova York: Columbia University Press, 2000.

____. El buen periodismo: las contradicciones irresueltas del periodismo de investigación. *Contribuciones*, Buenos Aires, v. 2, n. 70, p. 105-116, abr./jun. 2001.

Periódicos

O Estado de S. Paulo. São Paulo, jan./ago. 2001.

Folha de S.Paulo. São Paulo, jan./ago. 2001.

O Globo. Rio de Janeiro, jan./ago. 2001.

IstoÉ. São Paulo, jan./ago. 2001.

Jornal do Brasil. Rio de Janeiro, jan./ago. 2001.

Veja. São Paulo, jan./ago. 2001.

Entrevistas

Clóvis Rossi. Entrevista à autora. São Paulo, 27 maio 1997.

Dora Kramer. Entrevista à autora. Brasília, 15 abr. 1998.

Evandro Carlos de Andrade. Entrevista à autora. Rio de Janeiro, 29 out. 1997.

Henrique Caban. Entrevista à autora. Rio de Janeiro, 15 maio 1998.

Luiz Garcia. Entrevista à autora. Rio de Janeiro. 6 ago. 2000.

Otávio Frias Filho. Entrevista à autora. São Paulo, 8 dez. 1997.

Paulo Henrique Amorim. Entrevista à autora. São Paulo, 20 maio 1997.

3 ACONTECIMENTO E MÍDIA*

O termo "acontecimento" tem vários significados, todos sem muita precisão. Deve-se considerar que nem todo fato, ocorrência, é um acontecimento. Em geral, um fato novo levado ao conhecimento do público é visto como um acontecimento; às vezes, pode se tornar um acontecimento, mas isso nem sempre ocorre. O início da Marcha dos Sem-Terra, por exemplo, foi apresentado como um fato entre outros; talvez em pouco tempo os historiadores a considerem um acontecimento significativo, singular, que marcou um momento recente da história brasileira. Mas em geral os acontecimentos apresentados pela mídia não são nada mais do que fatos notáveis, ocorrências importantes.

Para o historiador que tem a imprensa como uma das fontes para a reconstrução do passado e a elaboração do tempo presente, a compreensão dos métodos utilizados por esse veículo parece primordial. Desvendar o processo de construção e narração dos

* Parte deste texto foi apresentada no IX Simpósio Regional de História. Anpuh/RJ, 16-20 de outubro de 2000.

fatos e acontecimentos que são conhecidos somente por aqueles que estão envolvidos diretamente nesse processo é uma forma de melhor criticar e trabalhar as fontes históricas.

A construção do acontecimento histórico tem se modificado ao longo dos últimos séculos, com o envolvimento do historiador e do jornalista na definição de sua existência. Entender como se constrói o acontecimento moderno e verificar suas relações com a mídia são tarefas do historiador como formas de analisar mais sistematicamente a produção dos jornalistas e também de identificar a evolução dos estudos históricos e de suas diversas perspectivas de análise.

Um breve retrospecto de como os historiadores analisaram o acontecimento pode indicar as alterações ocorridas na análise historiográfica. Devemos começar lembrando que os historiadores positivistas ressaltaram o aspecto extraordinário, singular, do acontecimento — ele era o responsável pela evolução das "coisas humanas". O historiador agrupava os fatos, após verificar seus resultados ou consequências. Os fatos que não deixavam traços visíveis desapareciam. Só o recuo do tempo e o conhecimento das consequências permitiam que o historiador selecionasse aquilo que constituía de fato um acontecimento histórico. Os positivistas entendiam a história como o estudo do passado, e esse passado era organizado e reconstruído mediante uma série de acontecimentos. Nessa concepção, a produção dos acontecimentos aparece como o resultado do trabalho conduzido pelo historiador.

Nos anos 1920, a Escola dos Anais começou a questionar o papel do acontecimento na história. Fernand Braudel (1976:12ss) considerou o acontecimento algo insignificante nos estudos históricos. Para Braudel e seus seguidores, o importante era o estudo da longa duração, das estruturas, da totalidade do social. Para essa escola, o acontecimento tem todos os defeitos; "ele não é senão uma agitação enganosa da superfície das coisas". Braudel convidava os historiadores a "ultrapassar o acontecimento", ultrapassar o tempo curto que o contém, o da crônica ou do jornalismo. A história para esse autor não é somente a diferença, o singular, o inédito: ela é a história das estruturas, das civilizações, da longa duração.

Nos anos 1970, a história de tempo presente, até então ignorada ou simplesmente excluída do campo de análise dos historiadores, conseguiu ultrapassar os conflitos de legitimidade que lhe eram colocados e passou a ser objeto de estudo de muitos historiadores. Essa história busca tornar compreensível o mundo social, entender e explicar de forma racional os acontecimentos contemporâneos. É nesse momento que os historiadores falam do retorno do acontecimento. Para Pierre Nora (1974), o acontecimento continua sendo um fato extraordinário, mas as condições de sua produção se modificaram. Antes, era o historiador e a memória que o forjavam; agora, temos o acontecimento sem historiador. É a mídia em interação com a opinião pública que faz o acontecimento, que cria o sensacional.

A valorização do acontecimento pelo historiador, de acordo com Nora (1974), deve ser atribuída à importância que a mídia adquiriu na sociedade. A cultura de massa detém o monopólio da história na sociedade contemporânea; é por meio dela, e só por ela, que o acontecimento nos chega e não pode ser evitado. A imprensa, o rádio, as imagens dão ao acontecimento a condição de sua existência. A publicidade dá forma à própria produção dos acontecimentos. Para que haja acontecimento, é preciso que ele seja conhecido. Os jornalistas são os primeiros a apresentá-lo. No século XX, quando as tecnologias da comunicação alteraram profundamente os modos de percepção do real, o acontecimento mudou de dimensão. Ele é sem dúvida um ponto de referência central para os indivíduos, os grupos sociais e as nações. Em função disso, o historiador não pode deixar de se interessar por ele; deve, ao contrário, dar-lhe um lugar especial, trabalhando-o, reescrevendo-o e reelaborando-o (Pechanski et al., 1991:15).

O papel da mídia na construção dos acontecimentos

Na concepção "construtivista", a mídia não só tem o papel de descrever uma realidade objetiva, mas também participa de sua construção. Erik Neveu e Louis Queré (1996:7-21) mostram que o acontecimento é algo mais do que uma simples ocorrência espacial-temporal — essa ocorrência não comporta uma significação determinada, ela não fixa a descrição do que ocorreu na cena pública. Por isso, é preciso lembrar que o acontecimento é apresentado pela mídia depois que ele passou por um processo de formatação, de apresentação e de sentido, processo a que é submetido o acontecimento pelos operadores da mídia. Um fato ocorrido em qualquer lugar do mundo não se transforma em acontecimento sem que haja um tratamento da informação, sem uma retórica produzida pelos órgãos de imprensa, dando à ocorrência um discurso que lhe confere uma conotação de realidade entendida e apreendida pelo público.

Para os "construtivistas", o mundo não é dado; é "feito" por uma cultura, uma linguagem, práticas de construção da realidade etc., ou como produto de uma construção social. Para o historiador, todo objeto de estudo, não importa de que natureza, é um objeto construído.

O papel da mídia é selecionar ocorrências e levá-las ao conhecimento do público. A mídia hierarquiza e atribui importância, valor ou pertinência a um acontecimento que ela torna público. Um acontecimento público seria o resultado de uma construção da mídia.

As ocorrências se tornam acontecimentos na medida em que as comunidades humanas, na busca de possuir um passado, um presente e um futuro estruturados e compartilhados, constituem os acontecimentos públicos como fontes para a discussão das questões públicas. Da mesma maneira como a história de um indivíduo se baseia em acontecimentos privados, o tempo público se constitui por meio dos acontecimentos públicos (Molotoch e Lester, 1996).

A experiência de um acontecimento público deve ser comum; é preciso que ele seja comum, no sentido de ser comunicável, para que se torne uma questão das consciências individuais, de opiniões pessoais etc. (Barthélemy, 1992:125-140).

O que caracteriza o acontecimento moderno, de acordo com Pierre Nora, seria o fato de que ele não se define mais por seu caráter histórico, não está ligado ao passado — ele está mais próximo do *faits divers*, o relato de um fato aberrante, anômalo, como o definiu Roland Barthes. O *faits divers* seria o exemplo histórico da dramatização do acontecimento pela imprensa. O acontecimento se "teatralizou", ele não existe sem o repórter-espectador, ele se apresenta em uma cena imediatamente pública, e ainda, nas sociedades modernas, há uma inflação de acontecimentos, ao contrário das sociedades tradicionais, em que era rarefeito e tendia a ser negado por representar a ruptura, questionar o equilíbrio no qual essas sociedades estavam estabelecidas.

Cabe aos historiadores, jornalistas e cientistas sociais a tarefa de ajudar a construir a noção de tempo público. Como indicam Molotoch e Lester (1996), as ocorrências, até serem transformadas em acontecimentos, passam por uma série de instâncias individuais e coletivas, cada uma contribuindo de forma diferenciada para chegar ao termo final do que será o acontecimento. Esses autores consideram três instâncias na construção do acontecimento. A primeira seria a dos promotores das informações, indivíduos e seus associados que identificam uma ocorrência como, em certa área e por uma razão ou outra, extraordinária e digna de interessar a outros; a segunda, a dos organizadores das informações (jornalistas) que trabalham a partir dos materiais fornecidos pelos promotores, transformando em acontecimentos públicos um conjunto de ocorrências e difundindo-os por meio da imprensa, do rádio ou televisão; a terceira, a dos consumidores de informações que dão atenção a certas ocorrências que a mídia divulga e lhe dão um sentido público. Cada intermediário sucessivo dedica-se ao mesmo tipo de trabalho de construção, baseado em objetivos imediatos que determinam quais necessidades dadas se transformam em acontecimentos.

Cada instância impede ou inibe um grande número de possibilidades de criação de acontecimentos. É nesse impedimento de possibilidades que reside o poder inerente ao trabalho da informação. Há interesses em promover certas ocorrências pelo uso público, como há interesses em evitar certas ocorrências.

A questão básica a ser indicada é a de como agem os mecanismos de comunicação em tipos de sociedades segmentadas. Os estudos sobre o poder da mídia e sobre sua influência até agora têm sido decepcionantes, não propiciando nenhuma resposta conclusiva (Derville, 1997). O que parece seguro é que a mídia pode ter certo impacto sobre determinado público, em certas circunstâncias e sob certas condições específicas. As mensagens enviadas pela mídia são filtradas por grupos de pertencimento e por líderes de opinião, que desempenham o papel de "protetores" ou "impedidores", mas em geral têm o papel de reforçar ou ativar as opiniões do público.

Contudo, se pensarmos a mídia localizada no interior da estrutura do poder, como indicam Hall e colaboradores (1978), ela

> não cria simplesmente as notícias, ela não é o primeiro definidor dos acontecimentos da atualidade, sua relação estruturada com o poder tem por efeito colocá-la em segundo plano, ela reproduz as definições daqueles que têm acesso privilegiado junto dos que são as "fontes autorizadas", fontes que representam partidos políticos, instituições políticas ou sociais, ou seja, grupos de interesse.

Nesse caso, os definidores da informação são, a princípio, os que detêm poder e prestígio, desempenhando a mídia o papel secundário de reproduzir as definições dos acontecimentos da atualidade que partem desses setores privilegiados. Desse ponto de vista, no momento da elaboração da informação a mídia se encontra em posição de subordinação, estruturada em relação aos primeiros definidores.

O movimento de definição, de acordo com Hall, parte uniformemente do centro do poder em direção à mídia. Nessa lógica conceitual, o jornalista tem a função de porta-voz e não há espaço para os casos em que a mídia tem a iniciativa do processo de definição provocando ou sendo o primeiro definidor. O Watergate ou as denúncias que levaram ao *impeachment* de Collor, imagens e denúncias sobre violências praticadas por autoridades militares contra a população, como os casos recentes de Diadema e da Cidade de Deus, servem de exemplos para contradizer a posição de Hall.

O acontecimento e os problemas que se apresentam hoje para o historiador

É verdade que a noção de acontecimento desperta entre muitos historiadores e cientistas sociais desconfiança, críticas e mesmo descrédito. Para certa corrente de pesquisadores, o que é fundamental é analisar o acontecimento como portador de significações humanas, sociais etc. — mostrar que a ação humana utiliza uma linguagem, que o acontecimento tem um *nome* e que há uma relação entre a linguagem (discurso cotidiano, discurso do historiador ou do sociólogo) e os acontecimentos. Desse ponto de vista, a linguística e a semântica contribuem para esclarecer a estrutura lógica das frases, da ação e do acontecimento (Petit, 1991).

Para outros, a existência breve do acontecimento coloca a questão de sua importância em relação à ação coletiva. Os historiadores se põem diante da necessidade de um tempo mais longo para analisar e interpretar o acontecimento. Outros mostram que o estudo do acontecimento é um mero estudo de caso que não permite generalizações. Há autores, ainda, que denunciam os estudos de acontecimentos como meras descrições da mídia.

É preciso ter claro que o objeto da história do tempo presente não é o instantâneo, não é uma reportagem, e que o historiador trabalha sempre com a construção de seu objeto de estudo, não importa qual seja sua natureza. Isso implica necessariamente um tempo para a consulta e a síntese dos documentos disponíveis, o que permite certo lapso de tempo em relação à produção do acontecimento e sua análise histórica. Essa questão se impõe em relação à chamada "história imediata" (Lacouture, 1988). Se esta quer significar história do acontecimento que acaba de se produzir, ela não pode se submeter ao método histórico: logo, essa história não existe. Mas ela pode ser vista como testemunho, e como tal pode fornecer elementos para futuras pesquisas.

Para historiadores como Jacques Le Goff (1988:16), a volta do interesse pelo acontecimento significa a possibilidade de estudá-lo como cristalizador e revelador das estruturas, e permite, de acordo com Jacques Revel, entender o imaginário de uma sociedade.

Entender a construção do acontecimento por meio da imprensa é uma forma de esclarecer momentos significativos de mudanças na sociedade e identificar uma situação histórica e social que deu lugar ao acontecimento. A apreensão de um acontecimento singular não é imediata nem é dada: ela é formada ao longo de um processo social. Esse processo tem uma estrutura temporal que é possível identificar pelo acompanhamento do desenrolar do acontecimento.

A pesquisa que realizamos sobre a imprensa e o acontecimento, a partir da análise dos momentos de crise política na sociedade brasileira, nos indicou como a imprensa revela as transformações que se operam e como ela age e interage nesse processo. A imprensa introduz no sistema social novas formas de pensar, elabora e interpreta aspirações e demandas da sociedade; ou seja, como ator social, participa de todo o processo político.

Ao trabalharmos com um período curto, o suicídio de Vargas em 1954 (Abreu e Lattman-Weltman, 1994) e a crise de 1955 com o Movimento de 11 de Novembro (Abreu, 1995), não estávamos interessados na descrição do acontecimento, mas, sim, na análise do acontecimento por intermédio da posição da imprensa na medida em que ela se apresentava como interlocutora e porta-voz de diferentes grupos e posições. O estudo do comportamento dos jornais de maior circulação no Rio de Janeiro e em São Paulo, para esses períodos, ajuda o historiador a esclarecer momentos significativos de mudança no pensamento político brasileiro e permite uma reflexão sobre o papel que a imprensa desempenhou na cobertura e na elaboração de soluções para as crises que se manifestaram em nosso sistema político.

Em agosto de 1954, a imprensa construiu, junto com outros atores, uma saída legal para a crise que atingia o sistema político. Nessa conjuntura, o chamado "caso *Última Hora*" concentrou grande parte do foco de oposição a Vargas. Esse jornal, criado por Samuel Wainer com o apoio governamental, buscou romper o silêncio dos jornais de maior prestígio e circulação sobre as realizações administrativas do governo. Quando ficou evidente que o *Última Hora* recebia favores financeiros do governo, ou seja, que Vargas interferia diretamente no mercado jornalístico, a guerra contra ele e contra Wainer foi declarada. Uma comissão parlamentar de inquérito (CPI) foi instalada em abril de 1953 e encerrou seus trabalhos em junho de 1954. A CPI não conseguiu comprometer diretamente o presidente da República no caso *Última Hora* e deu à oposição mais argumentos para continuar lutando contra o governo. Logo em seguida, no dia 5 de agosto, ocorreu o atentado da Toneleros, visando assassinar Carlos Lacerda, o principal porta-voz da ofensiva antigetulista, e que resultou na morte de um oficial da Aeronáutica. Nesse momento, deu-se a mobilização de toda a oposição contra Vargas. A imprensa utilizou seus recursos editoriais para estabelecer a responsabilidade mais ou menos direta do presidente Vargas nesse episódio e forçá-lo à renúncia ou à sua deposição.

A imagem do governo Vargas rapidamente se deteriorou mesmo entre os militares que o apoiavam, e o pedido de renúncia passou a ser visto como a única saída para o presidente, tanto para as forças políticas quanto para os militares. No final, não era mais a legitimidade do governo que estava em questão, mas a figura de Vargas. Nele se concentravam todos os ódios e razões para justificar seu afastamento do poder. Pressionado, Vargas optou pelo suicídio.

Além da surpresa pelo suicídio, dois outros fatos provocaram uma alteração radical nessa conjuntura: a Carta-Testamento e a reação popular. A Carta-Testamento provocou enorme impacto na população. Seu conteúdo nacionalista e trabalhista serviu de bandeira para os grupos getulistas; se o desfecho da crise tivesse sido outro, corriam o risco de serem excluídos do poder. O Partido Trabalhista Brasileiro (PTB) incorporou a seu programa as ideias contidas na carta e se tornou o depositário da herança política de Vargas. Quanto à reação popular, até a véspera do 24 de agosto o povo parecia aceitar a imagem que a imprensa divulgava, a de que o presidente era conivente com a corrupção, era responsável pelo atentado sofrido por Carlos Lacerda. Após sua morte, o povo foi para as ruas chorar sua perda e desencadeou forte reação contra seus opositores, inclusive contra a imprensa de oposição.

Ao acompanharmos o comportamento dos principais jornais do Rio de Janeiro e de São Paulo, excluindo-se *Tribuna da Imprensa* e *Última Hora* por serem os dois extremos do espectro político-jornalístico, observamos que os jornais como um todo, apesar de suas variações individuais, caminharam para o "apelo à renúncia" e em seguida para a "imposição da renúncia". Praticamente, todos os jornais que fizeram parte de nossa amostra defendiam os preceitos formais do regime democrático e a busca de soluções dentro da lei, não aderindo, portanto, a uma saída para o golpe ou a soluções de emergência ou fora da Constituição. Isso não quer dizer que a imprensa tinha um comportamento homogêneo quanto a posições político-ideológicas. O que diferenciava os jornais eram o conteúdo das análises, o tratamento dado às notícias e a ênfase aos temas ligados à crise. O que os unia era o fato de exercerem dura oposição a Vargas e a seu governo, e de não esquecerem seu passado de ditador durante o Estado Novo, quando governou sob regime de censura da expressão e do pensamento.

O suicídio de Vargas e o impacto da Carta-Testamento mudaram o comportamento dos atores sociais envolvidos nesse processo político e mudaram, também, o comportamento da imprensa. Em 1955, quando foi lançada a candidatura de Juscelino Kubitschek à Presidência da República, a imprensa não se mostrava unida como no período Vargas, quando a crise estava centrada na figura do presidente. Alguns jornais, que antes defendiam a manutenção das instituições e dos preceitos constitucionais, passaram a trabalhar em torno de soluções extralegais.

O dilema que se impôs aos opositores dessa candidatura que nascia com o apoio dos herdeiros políticos de Vargas era encontrar um candidato capaz de derrotar Juscelino, ou impedir as eleições e instaurar um governo forte — ou seja, sair da legalidade constitucional. As articulações em favor da intervenção militar cresceriam com o lançamento da candidatura de João Goulart à Vice-Presidência na chapa de Kubitschek. Isso porque, de um lado, essa candidatura reforçou as chances de vitória eleitoral da chapa PSD/PTB e, de outro, desencadeou forte reação nos círculos antigetulistas, que agora tinham argumentos para identificar a candidatura JK/Jango como a ressurreição do que havia de mais negativo no governo Vargas. A atuação de Goulart durante o período Vargas, com suas ligações com o meio sindical e sua proposta de aumento de 100% do salário mínimo, pôs esse político sob a suspeita de preparar a "subversão social", a "revolução comunista". Nesse momento, as suspeitas se transformaram em certezas, e foram usados argumentos para alertar o país da ameaça de um retorno ao passado.

Completando o quadro, o Partido Comunista Brasileiro (PCB) lançou manifesto de apoio a essa chapa em seu jornal *Imprensa Popular*. No manifesto, o PCB conclamava a população a se unir para impedir "a implantação de uma ditadura militar fascista". O documento provocou forte reação nos meios políticos e militares.

No outro extremo, estava a União Democrática Nacional (UDN) com sua ala mais radical, liderada por Carlos Lacerda, que defendia abertamente o golpe militar. O grupo moderado buscava atingir a Presidência por meios legais, com a candidatura de Juarez Távora.

Praticamente todos os jornais assumiram uma posição aberta de defesa de uma ou outra candidatura. Os jornais *Diário de Notícias*, *O Globo*, *O Estado de S. Paulo* e *Folha da Manhã* apoiaram abertamente o candidato Juarez Távora. *O Jornal* foi um dos mais entusiásticos adeptos da candidatura de Juscelino Kubitschek. Já o *Diário Carioca*, embora se posicionando favoravelmente a essa candidatura, abriu suas páginas para a cobertura da campanha de Juarez Távora. A contradição deve ser creditada à postura de seu proprietário, Horácio de Carvalho Júnior, e de alguns de seus diretores, que sempre consideraram conveniente manter as portas abertas a várias correntes políticas.

O *Correio da Manhã*, no início de 1955, mostrou-se indeciso diante das candidaturas, mas defendia acima de tudo a necessidade das eleições. Pouco a pouco, esse jornal foi mostrando uma imagem favorável a Juscelino, à medida que um de seus redatores, o escritor e jornalista Álvaro Lins, fazia intensa campanha a favor de JK e, por outro lado, Edmundo Moniz movia violentos ataques a Juarez Távora. Mas o proprietário, Paulo Bittencourt, não permitiu que o jornal se declarasse abertamente favorável a qualquer um dos candidatos.

O confronto de posições levou jornais como *Diário Carioca* e *O Globo* a trocar acusações mútuas sobre a forma de encaminhamento do apoio às candidaturas de Juscelino/Jango e Juarez/Milton Campos.

Com a vitória de Kubitschek e João Goulart em outubro de 1955, deu-se um período de contestação aos resultados eleitorais, baseada na tese da maioria absoluta, nos votos dos comunistas e na acusação de que teria havido fraude e corrupção durante as eleições. Na verdade, os grupos que haviam trabalhado para afastar Vargas do poder e que tiveram o apoio de lideranças militares perderam novamente a chance de assumir o controle do governo. A oposição iniciou então articulações para impedir a posse dos vencedores, acarretando nova crise política, que teve seu ponto culminante no acontecimento conhecido como Movimento do 11 de Novembro. Esse acontecimento trouxe os militares para o centro das decisões políticas. No entrechoque de posições e quando a radicalização atingiu os quartéis, o general Henrique Teixeira Lott interferiu para manter a "coesão das Forças Armadas" e a legalidade democrática.

A continuidade do processo constitucional estava ameaçada pelas disputas político-partidárias dentro das Forças Armadas. Os chefes militares estavam divididos quanto à posse ou não do candidato eleito. Os coronéis nacionalistas do Movimento Militar Constitucionalista se articularam em favor do candidato eleito e foram a base de sustentação para o sucesso do Movimento do 11 de Novembro, que permitiu manter a legalidade democrática.

A *Tribuna da Imprensa*, dirigida por Carlos Lacerda, deu o sinal de partida para a solução mais radical, fazendo com que os demais jornais se posicionassem. Carlos Lacerda afirmou que Juscelino e João Goulart não poderiam tomar posse. "Os chefes militares e civis precisam afirmar esse imperativo da consciência nacional, manter esse princípio. Eles não tomarão posse" (*Tribuna da Imprensa*, 9 nov. 1955).

Quando se aproximava o desfecho da crise, os jornais fizeram de tudo para intervir no diálogo, como interlocutores e como porta-vozes dos vários grupos envolvidos. Alguns, como o *Jornal do Comércio do Rio de Janeiro*, que no início do ano admitia a "conveniência de um golpe militar", agora se mostrava cauteloso:

> O que importa é enfrentar a realidade, para buscar nos mandamentos cívicos da devoção à pátria o rumo aconselhado pelo bem público, de forma a preservar-se a nação dos riscos e dificuldades que possam comprometer a sua segurança, com a subversão da ordem, o sacrifício da liberdade e o aniquilamento do regime. Por isso é essencial, e imprescindível, e imperioso que não se destrua a unidade das Forças Armadas, que só se preserva pela compreensão dos chefes e pela disciplina dos subordinados... [9 nov. 1955].

Dos sete jornais que analisamos para nossa pesquisa, quatro — *Correio da Manhã*, *Diário Carioca*, *O Jornal* e *Folha da Manhã* — mantiveram um comportamento de guia da opinião pública, demonstraram interesse em se dirigir ao público mais diversificado e fazer um jornalismo que não se limitava a responder aos problemas conjunturais. Esses jornais participaram do rearranjo das forças políticas, no sentido da manutenção do regime e das instituições democráticas.

O mesmo não ocorreu com os outros — *O Globo*, *Diário de Notícias* e *O Estado de S. Paulo* — que, durante a campanha eleitoral e diante dos candidatos eleitos, se tornaram porta-vozes e atores centrais da preparação de uma intervenção militar visando ao rompimento das regras democráticas. A Carta-Testamento e sobretudo a vitória de João Goulart para a Vice-Presidência da República, representando a permanência da figura de Vargas e de sua política, podem ser peças fundamentais para entender o avanço desse tipo de proposta, que se tornaria vencedora em 1964.

Finalizando, deve-se ressaltar que a análise desses acontecimentos e sua construção pela imprensa indicam para o historiador diversas questões, não só quanto ao discurso veiculado nas diferentes partes ou seções dos jornais, como quanto ao entendimento dos diferentes interesses que se manifestam na sociedade e que são transmitidos pelo jornal.

Por outro lado, a observação do comportamento da imprensa, por meio do desenrolar desses acontecimentos, assinala que a crise política que levou ao suicídio de Getúlio Vargas foi um divisor de águas na maneira de "fazer" jornal. A imprensa, que nos meses que precederam o 24 de agosto exacerbou a linguagem violenta e apaixonada no tratamento dos temas políticos, a partir desse acontecimento buscou maior objetividade na construção e na transmissão da notícia. A forma de fazer oposição a Vargas foi percebida por parte da imprensa como parcialmente responsável por esse drama político, e uma nova imprensa foi surgindo a partir de então.

A década de 1950 marcou um momento de inflexão de um jornalismo de opinião e de crítica para um jornalismo de informação em que o acontecimento passou a ter lugar de destaque.

Referências

ABREU, Alzira Alves de. Crise e sucessão 1954-55: o papel da imprensa na formação de uma identidade política. In: SIMPÓSIO NACIONAL DE HISTÓRIA, XVII, *Anais*... Recife, 1995.

____; LATTMAN-WELTMAN, Fernando. Fechando o cerco: a imprensa e a crise de agosto de 1954. In: GOMES, Angela de Castro (Org.). *Vargas e a crise dos anos 50*. Rio de Janeiro: Relume-Dumará, 1994.

BARTHÉLEMY, Michel. Événement et space public: l'affaire Carpentras. *Quaderni*, n. 18, p. 125-140, 1992.

BRAUDEL, Fernand. *História e ciências sociais*. 2. ed. Lisboa: Presença, 1976.

DERVILLE, Gregory. *Le pouvoir des medias*: mythes et réalités. Grenoble: Presses Universitaires de Grenoble, 1997.

HALL, Stuart et al. *Policing the crisis*: mugging, the State and law and order. Londres: Macmillan, 1978.

LACOUTURE, Jean. L'histoire immédiate. In: LE GOFF, Jacques (Dir.). *La nouvelle histoire*. Paris: Complexe, 1988.

LE GOFF, Jacques (Dir.). *La nouvelle histoire*. Paris: Complexe, 1988.

MOLOTOCH, Harvey; LESTER, Marilyn. Informer: une conduite délibéré de l'usage stratégique des événements. *Reseaux*, Paris, n. 75, p. 23-41, jan./fev. 1996.

NEVEU, Erik; QUÉRÉ, Louis. Présentation. *Reseaux*, Paris, n. 75, p. 7-21, jan./fev. 1996.

NORA, Pierre. Le retour de l 'événement. In: LE GOFF, Jacques; NORA, Pierre (Dir.). *Faire de l'histoire*: nouveaux problèmes. Paris: Gallimard, 1974.

PECHANSKI, Denis et al. *Histoire politique et sciences sociales*. Paris: Complexe, 1991.

PETIT, Jean-Luc. *L'événement en perspective*: raisons pratiques. Paris: EHESS, 1991.

Periódicos

Jornal do Comércio do Rio de Janeiro. Rio de Janeiro, 9 nov. 1955.

Tribuna da Imprensa. Rio de Janeiro, 9 nov. 1955.

4 O JORNALISMO DE UTILIDADE SOCIAL*

Ao se iniciar a volta ao regime democrático no Brasil, novas orientações passaram a prevalecer na ação dos jornalistas. Uma delas foi a ideia de que o jornalismo de "utilidade social" era um novo caminho a ser explorado. Até então predominava a noção de "responsabilidade social" da mídia, noção que atribuía aos jornalistas o dever de assumir os efeitos e as consequências de seus atos profissionais para o público; é o princípio anglo-saxão da imputabilidade. Já o conceito de "utilidade social" identifica a ação jornalística como tendente a servir aos interesses concretos dos cidadãos, a responder às preocupações de seus leitores ou de sua audiência (emprego, habitação, educação, segurança, qualidade de vida etc.). Seria o "jornalismo cidadão" (Watine, 1996). A imprensa, nessa perspectiva, assumiria o papel de mediadora e de interventora na sociedade.

Esse movimento surgiu nos Estados Unidos com as experiências do *public* e do *civic journalism*. O primeiro foi uma resposta à perda

* Este texto se insere no projeto "Brasil em transição: um balanço do final do século XX" (Pronex-FGV/CPDOC e PPG/UFF).

de leitores da imprensa escrita para a concorrência dos canais de televisão e também uma forma de impedir o controle, cada vez maior, das máquinas partidárias sobre o debate político na mídia. Esse novo jornalismo pretende impor uma nova agenda de opinião e se tornar o intérprete dos cidadãos quanto à hierarquia dos problemas e à escolha das soluções pela comunidade. O *civic journalism* nasceu na década de 1970 nos Estados Unidos por iniciativa de um industrial de petróleo, que decidiu financiar projetos de jornalismo tendentes a enaltecer os valores democráticos. A partir dessa experiência, desenvolveu-se orientado para mobilizar os cidadãos, dar a palavra aos cidadãos comuns e aos responsáveis por associações e comunidades. Ele se baseia na afirmação dos procedimentos democráticos em que o confronto de opiniões é o motor das escolhas e da deliberação na comunidade, e em que o jornalista se torna o animador dessa atividade. É a democracia participativa, direta, que serve de referência nesse tipo de jornalismo.

Inicialmente, o *public journalism* foi praticado pelas mídias locais nos Estados Unidos. Seu sucesso, obrigando os políticos eleitos a dar maior atenção aos problemas essenciais da população, estendeu-o para a imprensa nacional. Mas hoje algumas questões se destacam sobre as consequências desse tipo de jornalismo, que pode ser confundido com a função representativa (Neveu, 2001:102). A utilidade pública impõe ao jornalista maior aproximação com o público, participação intensa na vida da comunidade, maior engajamento. Essa atitude estaria em contradição com as exigências do profissionalismo reivindicado pelos próprios jornalistas, que defendem valores não partidários, não ideológicos e uma atuação distante dos acontecimentos, no exercício da profissão.

Prestando serviços ao público

A informação é um dos elementos fundamentais para que o indivíduo exerça plenamente seus direitos. A imprensa é um veículo que fornece ao cidadão as informações vitais para que exerça seus direitos e, simultaneamente, lhe dá a possibilidade de levar suas demandas aos responsáveis pelas decisões que afetam a vida em sociedade. Ao prestar serviços ao público, o jornalismo está exercendo seu papel de "utilidade social".

No Brasil, o jornalismo de "utilidade social" se manifestou por meio de várias alternativas, entre elas a de prestador de serviços ao público. A imprensa escrita abriu espaço para as queixas e reivindicações de seus leitores nas seções de serviços. Hoje, praticamente todos os jornais de grande circulação do eixo Rio-São Paulo mantêm colunas ou seções abertas ao público e procuram dar soluções a algumas das reclamações recebidas.

O atendimento ao público já existia em determinados jornais na década de 1950; eram praticamente os jornais populares que mantinham seções desse tipo. Jornais do Rio de Janeiro como *O Dia*, *Luta Democrática* e *Última Hora* usavam o sensacionalismo como forma de intermediação "entre o povo e o poder (através do espaço dedicado às queixas)" e como alternativa para a ampliação da circulação dos jornais (Siqueira, 2002:68). Os jornais populares dos anos 1950 tinham uma relação estreita com determinadas lideranças políticas, mas não com os partidos políticos, e o sensacionalismo, em geral, estava associado a práticas assistencialistas. Getúlio Vargas, Ademar de Barros, Chagas Freitas e Tenório Cavalcanti buscavam o apoio dos leitores para transformá-los em eleitores. O apelo para o voto como "arma do povo" significava a afirmação dos direitos políticos. A linguagem nesse tipo de jornal apelava para a emoção, a imaginação e a dramatização do cotidiano, o que na verdade expressava as práticas da cultura popular dos leitores.

Na década de 1990, houve um aumento considerável do número de jornais que abriram espaço para reivindicações dos leitores, como também houve um aumento do número de usuários dessas colunas ou páginas de serviços. Agora, tanto os jornais populares, a exemplo de *Extra* e *O Dia* no Rio de Janeiro e *Diário Popular* em São Paulo, quanto os jornais *O Estado de S. Paulo*, *Folha de S.Paulo*, *O Globo* e *Jornal do Brasil* estão voltados para atender às reivindicações dos leitores. Outra modificação importante se observa na linguagem, que se tornou sóbria, direta e objetiva.

É importante assinalar que esses espaços atendem prioritariamente a reclamações do cidadão-consumidor, de nível médio, tanto de instrução quanto de renda. De acordo com a pesquisa de Suely Grissanti (2001), as reclamações recebidas pelos jornais por ela analisados, para o estado de São Paulo, concentram-se em consumo e serviços. Alguns jornais, como *O Estado de S. Paulo*, também dispõem de seções semanais para esclarecer dúvidas e orientar os beneficiários da Previdência Social. A pesquisa mostra que os leitores foram levados a buscar ajuda nos jornais por estarem cansados de esperar soluções em serviços de atendimento ao consumidor das empresas ou órgãos em que tinham adquirido um produto ou serviço e não conseguirem sequer ser ouvidos.

Na atualidade, ao contrário do que ocorria nos anos 1950, os jornalistas envolvidos nas seções de prestação de serviços procuram evitar que essa atividade da imprensa tenha cunho assistencialista, como mostra Grissanti (2001:225); eles repassam a responsabilidade da solução do caso para o leitor.

A preocupação com os direitos do consumidor, que constituem uma parte do conjunto de direitos e deveres que formam o cidadão, é para os proprietários dos órgãos de comunicação um meio de ganhar leitores e ampliar a audiência do rádio e da televisão. Dar maior espaço para a cobertura dos direitos do consumidor é um indício claro de que o jornalismo tem uma face voltada para o cidadão.

O rádio e a televisão abriram canais de reivindicação de acesso à Justiça para as camadas da população de renda mais baixa, na qual existe maior contingente de analfabetos. Programas como o do Ratinho no SBT, *Leão Livre* na Record e outros semelhantes em várias emissoras de rádio mostram a preferência da mídia para a exibição de casos extravagantes. Aqui há maior aproximação com o tipo de jornalismo predominante na década de 1950 na chamada imprensa popular. Nesses programas, a escolha dos casos visa ao divertimento e não à busca de solução para o problema apresentado, não visa à utilidade pública — a mídia está mais interessada em transformar as reclamações da população em espetáculo. Outros canais de televisão fazem reportagens sobre o péssimo atendimento em hospitais, má qualidade e falta de controle de produtos industriais, falsificação de medicamentos, violência policial, corrupção da polícia e de funcionários públicos etc.; são exemplos o *Globo Repórter* e o *Jornal Nacional*. A rádio CBN-Brasília abriu um canal de atendimento ao público; o programa *Telefone do Ouvinte* recebe reclamações sobre a falta ou o mau atendimento das instituições públicas e dá informações sobre onde obter determinados serviços públicos. A TV Cultura, com os programas semanais *Matéria Pública* e *Diário Paulista*, transmite informações com o objetivo de levar os telespectadores a melhor exercer seus direitos de cidadania. A Rede Globo, com o objetivo de despertar o sentimento de cidadania nas pessoas, leva ao ar o jornal *SPTV*, que tem conquistado grande sucesso na mobilização da população para reivindicar do poder público e da Justiça o atendimento de suas necessidades. O telejornal só atende ao público por meio de grupos comunitários ou associações; pretende ser o intermediário entre a comunidade e as autoridades. Ele tem servido de modelo para outros telejornais da Rede Globo espalhados por várias regiões do país (Grissanti, 2001:231). Nessa pesquisa, de acordo com Grissanti, surge a preocupação por parte da mídia em transformar as reivindicações ou queixas individuais em causas coletivas, tentando, desse modo, atingir os direitos dos cidadãos.

A televisão também tem adotado o recurso do "*merchandising* social", por intermédio das novelas, para divulgar mensagens com conteúdo social e de conscientização da população sobre assuntos a exemplo de ecologia, prevenção de doenças como Aids etc. Não há uma orientação direta sobre acesso à Justiça (Grissanti, 2001:230).

Outra forma de exercer o jornalismo de utilidade pública é a imprensa se apresentar como fiscalizadora do poder público. Nesse caso, ele está mais voltado para a denúncia de corrupção a fim de desvendar negócios ou ações ilícitas envolvendo personalidades da vida pública, seja da política, do meio artístico, empresarial e/ou esportivo, com revelações sobre questões que na maioria das vezes envolvem a Justiça e a polícia.

Na fase de redemocratização do país, assumiu grande importância na imprensa o chamado "denuncismo", termo que se refere à facilidade de denúncias sem evidências suficientes, caracterizada pela pouca investigação, em que há o predomínio da notícia sensacional, a narração de uma história dramatizada, e o registro dos fatos não é feito com isenção. Essa prática jornalística, embora apresente esse lado negativo, tem dado maior visibilidade aos processos de tomada de decisão e de condução de políticas públicas, o que poderá resultar em uma ampliação da cidadania e, ao mesmo tempo, induzir a uma maior responsabilidade na prestação de contas das pessoas públicas (Abreu, 2002).

Para a população dos grandes centros urbanos, a mídia tornou-se o meio mais eficiente para fazer valer seus direitos e garantir acesso ao sistema judiciário. Na pesquisa de Luís Grottera (1998), há uma imagem positiva dos habitantes do Rio de Janeiro e de São Paulo sobre a mídia. Dos 200 entrevistados, 84% consideram a mídia a instituição que mais ajuda a fazer justiça e somente 10% dos entrevistados citaram a própria Justiça. Os jornalistas são identificados pela população pobre como protetores e mais confiáveis do que a polícia e a Justiça.

A morte do jornalista Tim Lopes, da Rede Globo, em junho de 2002, é um exemplo da relação entre mídia, cidadania e denúncias. O jornalista recebeu uma denúncia de moradores do bairro da Penha, no Rio de Janeiro, de que se realizavam bailes funk com consumo de drogas e sexo explícito na favela de Vila Cruzeiro, promovido por traficantes do morro, para o qual eram aliciadas meninas menores de idade. Os moradores já haviam feito a denúncia à polícia várias vezes, mas sem resultados. Eles temiam pela degradação moral de suas famílias e se disseram impotentes diante do poder armado dos traficantes.

Ao pedirem ajuda ao jornalista, os moradores da favela prometeram auxiliá-lo para que ele fizesse uma reportagem filmada sobre os bailes. Tim Lopes já mostrara o comércio de drogas em outra favela, na da Rocinha, onde se vendia abertamente droga sem a intervenção dos órgãos de polícia. Por esse trabalho ganhou o Prêmio Esso Especial de Telejornalismo no ano anterior. Era visto pelos colegas como dedicado a um trabalho de jornalismo de utilidade pública. Ao se preparar para a nova reportagem na favela de Vila Cruzeiro, foi ao local quatro vezes, por duas vezes levando uma microcâmera oculta. Na quarta vez, desapareceu: foi surpreendido pelos traficantes, que o torturaram e mataram. O caso teve enorme repercussão na mídia, obrigando os órgãos públicos a se mobilizar em torno da repressão ao tráfico de drogas e a iniciar um processo de ocupação da favela onde ocorreu o assassinato do jornalista.

Esse poderia ser um dos exemplos do papel positivo na atuação da imprensa, mas não podemos deixar de lembrar seu papel negativo. Até que ponto esse jornalismo de denúncia não está causando danos à credibilidade e à confiança da população em suas elites, sua classe política e suas instituições, e como o descrédito das instituições políticas e a não confiança no Congresso estão ajudando a formação de uma atitude não cidadã?

Alguns estudos já indicam que os jornalistas, como profissionais da informação, se comportam como cidadãos acima de todos os outros, acima da Justiça e das leis. Eles denunciam as injustiças, o não funcionamento das instituições, conduzem investigações que levam a dar visibilidade aos comportamentos não aceitos socialmente e, ao lado disso, se comportam como justiceiros. A função justiceira que a imprensa vem assumindo é concedida pela própria sociedade e, segundo Falcão (1995:6), é fruto de um pacto "entre o leitor carente por justiça, o Judiciário incapaz de atender às demandas e a imprensa vitoriosa na sua maior reportagem investigatória: o caso Collor".

Os métodos utilizados por Tim Lopes em seu trabalho na favela de Vila Cruzeiro para obter informações devem ser pensados como uma transgressão à ética profissional. Ele deveria ter se identificado como jornalista e não poderia usar uma câmera oculta. A ética do jornalista exige que ele se identifique como tal, e a câmera oculta é uma forma de invasão da privacidade. Ele usou métodos empregados por espiões ou pela polícia. Tais métodos são justificados por muitos jornalistas quando os crimes a serem revelados põem em risco os cidadãos, crimes que não seriam revelados caso o jornalista se apresentasse como tal, e foi com essa perspectiva que ele atuou.

Essa atitude está presente nas respostas dadas pelos jornalistas brasileiros na pesquisa de Cardoso (1995:134) sobre as atitudes éticas e valores profissionais, que tem similaridades com outras realizadas com jornalistas norte-americanos, alemães e ingleses. O autor, junto com jornalistas brasileiros, chama a atenção para o baixo percentual das respostas fornecidas à questão sobre como se comportariam nossos profissionais diante de notícias que não podem ser provadas: somente 25,9% dos entrevistados recusariam a notícia. Da mesma forma, as respostas dos jornalistas brasileiros se distanciam daquelas de seus colegas norte-americanos e europeus quando questionados sobre a aceitação de determinadas práticas de reportagem. Ao responderem à pergunta sobre se pode ser justificável apresentar-se como outra pessoa em trabalho de reportagem, 63% dos jornalistas brasileiros responderam de forma afirmativa, enquanto somente 20% dos norte-

-americanos, 22% dos alemães e 33% dos ingleses aceitaram essa prática pouco ética como possível de ser adotada. O autor da pesquisa mostra como os jornalistas brasileiros tendem a negligenciar aspectos éticos importantes para obter a informação que desejam; eles estão dispostos a passar por outra pessoa, usar documentos confidenciais e empregar-se em empresas para obter informações, sem que os informantes saibam que o são. De outro lado, poucos jornalistas brasileiros estão dispostos a revelar suas fontes, prática comum nos outros três países analisados. Isso significa que "a liberdade de informação, enquanto fim inquestionável numa sociedade democrática, pode valer-se de meios que, no limite, arranham aspectos importantes da institucionalidade democrática relativos a direitos à privacidade de indivíduos e coletividades" (Cardoso 1995:137).

Para ampliar esse quadro que ora apresentamos e esclarecer melhor a atuação profissional dos jornalistas brasileiros, podemos relacionar os dados da pesquisa que realizamos com jornalistas que ocupam hoje posições estratégicas na imprensa, como chefes ou diretores de redação, chefes de editorias e responsáveis por colunas de prestígio. Nessa pesquisa, observou-se uma pluralidade de imagens sobre seu papel e função social, o que acarreta uma diversidade na atuação desses profissionais. Para alguns jornalistas, a função que eles têm é a de "captar o que está se pensando na sociedade e traduzir esse pensamento para os formuladores e tomadores de decisão". Uma jornalista de Brasília, ao falar de seu papel e função social, considera que, além de difundir a informação, o jornalista deve interpretá-la para o leitor, como uma forma de ajudá-lo a entender uma decisão política. Ela entende que o jornalista faz pressão para que determinadas decisões sejam tomadas, faz cobranças, impulsiona a agenda pública. Também lembra que muitos projetos parados no Congresso recebem a atenção dos congressistas quando a imprensa cobra ou lança campanhas na mídia sobre temas que preocupam a população.

A partir das entrevistas que realizamos com 57 jornalistas que atuam no Rio de Janeiro, em São Paulo e em Brasília, nos jornais e revistas de maior circulação do país, foi possível identificar, *grosso modo*, três formas de posicionamento diante da profissão. A primeira seria a dos que se identificam como mediadores entre a sociedade global e o indivíduo, entre a população e o poder público. O jornalista não se vê como uma simples caixa de ressonância, mas como um intérprete da sociedade, como um servidor público. Seu papel é o de formar a opinião pública e defender o interesse público. Encontramos nessa categoria 27,5% do total dos entrevistados, com 54,5% desses jornalistas pertencendo à geração nascida nos anos 1920-30, a qual tem uma visão missionária de seu papel social. A grande maioria desses jornalistas é hoje colunista de prestígio na imprensa, não ocupa posição de chefia nas redações.

A segunda forma de perceber sua posição e função social é constituída daqueles que se veem como produtores e difusores da informação; eles devem informar sobre o que está ocorrendo em sua cidade, seu estado, seu país, a fim de que a população disponha de elementos para tomar posição, para ter condições de fazer julgamentos e escolhas. Para uma jornalista que entrevistamos, seu papel é o de testemunha da história, é o de relatar a história de seu tempo. Verifica-se que 50% do total de entrevistados estão nessa categoria e 80% dos que nela se incluem pertencem à geração de jornalistas nascidos nos anos 1940-50. A percepção desse grupo social é a de que eles detêm a técnica da informação e praticam um jornalismo que busca a objetividade e a neutralidade. Um número significativo dos jornalistas nessa categoria ocupa posições de direção e chefia nas redações.

A terceira categoria é constituída por aqueles que se atribuem o papel e função social de fiscal da sociedade, críticos do governo, "de vigiar o poder", "fazer um jornalismo de denúncia social". Integram essa categoria 22,5% do total de entrevistados, 77,7% pertencente à geração nascida nos 1940-50. A posição da imprensa seria vista como a de um quarto poder, a de fiscalizar o poder público. A perspectiva de um quarto poder implicaria o compromisso com "uma responsabilidade com a estabilidade política e econômica" do país, com a defesa da democracia (Albuquerque, 2000:46).

Observou-se, pelas respostas dadas durante as entrevistas, que existem muitas afinidades de pensamento e de atitudes na visão dos jornalistas quanto a seu papel e responsabilidade social. A experiência comum vivida pelas gerações que tiveram de exercer suas atividades sob a censura dos meios de comunicação, a oposição ao regime militar, a luta contra a repressão e as estratégias para driblar os censores criaram laços de solidariedade entre essas gerações. No entanto, as transformações técnicas, econômicas, gerenciais, que ocorreram durante o período de repressão, exigiram um novo perfil profissional dos jornalistas, determinaram novas formas de perceber e praticar o jornalismo, principalmente entre as gerações mais jovens que assumiram posições de direção nas redações, nas últimas décadas.

O que o resultado de nossa pesquisa parece indicar é que os jornalistas que detêm atualmente posições estratégicas nas redações mobilizam-se em torno da defesa dos excluídos, dos pobres, dos não cidadãos, em substituição aos movimentos ideológicos revolucionários que queriam mudar o mundo e se identificavam com o marxismo. Os movimentos que surgiram nas últimas décadas estão ligados ao momento em que a televisão se tornou um meio de massa, possibilitando mobilizar diretamente a solidariedade do público para uma causa humanitária e permitindo ganhar a simpatia — e os donativos — da opinião pública com um pequeno número de militantes (Poulet, 1999:39-59). Essas novas organizações, que não são nem partidos nem sindicatos, têm um discurso voltado para a estratificação ocupacional.

A partir dessa explicação, talvez reste uma questão básica a ser formulada: como agem os mecanismos de comunicação em tipos de sociedades segmentadas? Os estudos sobre o poder da mídia e sobre sua influência até agora têm sido decepcionantes, não propiciando nenhuma resposta conclusiva (Derville, 1997). O que parece seguro é que a mídia pode ter certo impacto sobre determinado público, em certas circunstâncias e sob certas condições específicas. As mensagens enviadas pela mídia são filtradas por grupos de pertencimento e por líderes de opinião que desempenham o papel de "protetores", ou "impedidores", mas em geral têm o papel de reforçar ou ativar as opiniões do público. Cabe lembrar também que o jornalismo é um dos elementos do sistema social que atuam e interferem na dinâmica social, mas está articulado a outros subsistemas.

Referências

ABREU, Alzira Alves de. Jornalismo investigativo em questão. In: ENCONTRO ANUAL DA ASSOCIAÇÃO NACIONAL DE PÓS-GRADUAÇÃO EM COMUNICAÇÃO (COMPÓS), 11. *Anais*... Rio de Janeiro, 2002. CD-ROM.

ALBUQUERQUE, Afonso de. Um outro "quarto poder": imprensa e compromisso político no Brasil. *Contracampo*: revista do Mestrado em Comunicação, Imagem e Informação, Niterói, n. 4, p. 23-57, 2000.

CAPPELLETTI, Mauro; GARTH, Bryand. *Acesso à Justiça*. Porto Alegre: Sérgio Antônio Fabris, 1998.

CARDOSO, Adalberto M. Jornalistas: ética e democracia no exercício da profissão. *Novos Estudos Cebrap*, São Paulo, n. 42, p. 130-140, jul. 1995.

CARVALHO, José Murilo de. Cidadania: tipos e percursos. *Estudos Históricos*, Rio de Janeiro, n. 18, p. 337-359, 1996.

____. *Cidadania no Brasil*: o longo caminho. Rio de Janeiro: Civilização Brasileira, 2001.

CHARON, Jean-Marie; FURET, Claude. *Un secret si bien violé*: la loi, le juge et le journaliste. Paris: Seuil, 2000.

DERVILLE, Gregory. *Le pouvoir des médias*: mythes et réalités. Grenoble: Presses Universitaires de Grenoble, 1997.

FALCÃO, Joaquim. A notícia que virou fato: a imprensa em questão. *Monitor Público*, ano 2, v. 6, p. 5-10, jun./jul./ago. 1995.

____. *O guardador de promessas*: Justiça e democracia. Lisboa: Instituto Piaget, 1998.

GRISSANTI, Suely M. Os meios de comunicação e o acesso dos cidadãos à Justiça. In: SADEK, Maria Tereza (Org.). *Acesso à Justiça*. São Paulo: Fundação Konrad Adenauer, 2001. Série Pesquisa, 23.

GROTTERA, Luís. *O Judiciário ausente na mídia é um risco para a democracia*. São Paulo: Agência Grottera, 1998.

KAIL, Michel. La lutte de classes n'est plus ce qu'elle était. *L'Homme et la Société*, n. 121-122, p. 3-4, 1996.

LEDERC, Henri. Le journaliste contre-pouvoir ou pouvoir marchandise? *Après Demain*, n. 39, p. 4-6, fev. 1997.

LINZ, Juan J.; STEPAN, Alfred. *A transição e consolidação da democracia*: a experiência do sul da Europa e da América do Sul. São Paulo: Paz e Terra, 1999.

MARCHETTI, Dominique. Les révélations du "journalisme d'investigation". *Actes de la Recherche en Sciences Sociales*, n. 131-132, p. 30-40, mar. 2000.

MARSHALL, T. H. *Cidadania, classe social e status.* Rio de Janeiro: Zahar, 1967.

NEVEU, Érik. *Sociologie du journalism*. Paris: La Découverte, 2001.

O'DONNELL, Guillermo. Poliarquias e a (in)efetividade da lei na América Latina. *Novos Estudos Cebrap*, São Paulo, n. 51, p. 37-61, jul. 1998.

PANDOLFI, Dulce. Percepção dos direitos e participação social. In: ____ et al. (Org.). *Cidadania, Justiça e violência*. Rio de Janeiro: Ed. FGV, 1999.

POULET, Bernard. À gauche de la gauche. *Le Débat*, n. 103, p. 39-59, jan./fev. 1999.

REIS, Elisa Pereira. Cidadania: história, teoria e utopia. In: PANDOLFI, Dulce Chaves et al. (Org.). *Cidadania, justiça e violência*. Rio de Janeiro: Ed. FGV, 1999.

ROBERTS, Bryan R. A dimensão social da cidadania. *Revista Brasileira de Ciências Sociais*, n. 33, p. 5-22, fev. 1997.

SANTOS, Wanderley Guilherme dos. *Cidadania e justiça*. Rio de Janeiro: Campus, 1979.

SILVA, Luís Martins. Imprensa e cidadania: possibilidades e contradições. In: MOTTA, Luís Gonzaga (Org.). *Imprensa e poder*. Brasília: Ed. UnB; São Paulo: Imprensa Oficial do Estado, 2002.

SIQUEIRA, Carla Vieira de. *Sexo, crime e sindicato*: sensacionalismo e populismo nos jornais *Última Hora*, *O Dia* e *Luta Democrática* durante o segundo governo Vargas (1951-54). Tese (doutorado), PUC-Rio, Rio de Janeiro, 2002.

WAISBORD, Silvio. *Watchdog journalism in South America*: news, accountability, and democracy. Nova York: Columbia University Press, 2000.

____. El buen periodismo: las contradicciones irresueltas del periodismo de investigación. *Contribuciones*, Buenos Aires, v. 2, n. 70, p. 105-116, abr./jun. 2001.

WATINE, Thierry. Journaliste: une profession en quête d'utilité sociale. *Les Cahiers du Journalisme*, Lille, n. 2, p. 34-41, dez. 1996.

WEFFORT, Francisco C. (Org.). *Os clássicos da política*. 10. ed. São Paulo: Ática, 2002. v. 2.

5 CAMINHOS DA CIDADANIA: MÍDIA*

A mídia ocupa lugar de destaque quando falamos de cidadania. O termo "mídia" significa "meios de comunicação de massa", entre os quais há jornais, revistas, rádio, televisão, livros, filmes, discos, painéis eletrônicos, internet etc. A expansão dos meios de comunicação levou ao homem comum todos os acontecimentos, inovações e mudanças que ocorreram no país e no mundo, o que lhe permitiu ter acesso também à noção de seus direitos.

Hoje não se põe mais em dúvida que a mídia se tornou uma das principais forças a interferir no funcionamento e na transformação da sociedade. Essa força exercida pela mídia levou à criação de uma nova denominação para a sociedade de hoje, como a de "sociedade da informação" ou "sociedade da comunicação". Essas denominações exprimem o sentimento de que é possível, de certo ponto de vista, observar o coletivo do ângulo do papel que exercem os jornais, o rádio, a televisão e a internet.

---

* Este texto integra o projeto "Brasil em transição: um balanço do final do século XX" (Pronex-FGV/CPDOC e PPG/UFF).

Como explicar a importância que adquiriram, no debate público, o acesso à Justiça e a defesa dos direitos dos cidadãos? Como justificar a relevância que adquiriu a luta pela cidadania na legitimação da ação dos jornalistas? É também importante explicar por que a informação só recentemente se tornou estrela de primeira grandeza no exercício da cidadania.

Uma das explicações para essas questões é que a luta pelos direitos do homem foi relegada a segundo plano; ao longo do século XX, era considerada uma luta burguesa. Com a queda do Muro de Berlim em 1989 e o fim do regime comunista da União Soviética e dos países do Leste Europeu, deu-se a reconversão da ideologia socialista em benefício dos direitos do homem, em defesa da cidadania, das minorias, dos novos movimentos sociais. A luta por justiça ganhou proeminência e substituiu a militância revolucionária. Hoje as pessoas se engajam pela construção da cidadania e pela extensão dos direitos humanos para todos. A ação da mídia orientou-se no sentido de servir aos interesses concretos dos cidadãos, a responder às preocupações de seus leitores ou de sua audiência — seria o "jornalismo cidadão".

A mídia revela as transformações que se operam no regime democrático-liberal por meio da divulgação cotidiana dos acontecimentos e do acompanhamento da forma como atuam e se comportam os atores sociais. A mídia também introduz no sistema social novas formas de pensar, elabora e interpreta aspirações e demandas da sociedade; ou seja, como ator social, participa de todo o processo político.

É notável a influência exercida sobre as democracias pela mídia, fenômeno novo que se desenvolveu ao longo das últimas décadas do século XX. Norberto Bobbio (2000:204-205) ensina que "a característica da democracia é a publicidade dos atos do governo, pois somente quando o ato é público os cidadãos estão em condições de julgá-lo e, portanto, de exercer diante dele uma das prerrogativas fundamentais do cidadão democrático, o controle dos governantes". A informação é um dos elementos fundamentais para que o indivíduo exerça plenamente seus direitos. A mídia tem por função dar visibilidade à "coisa pública", e a visibilidade é uma condição da democracia. Não por acaso, as primeiras medidas dos regimes autoritários, ditatoriais concernem à liberdade de informação: a censura é imediatamente imposta aos meios de comunicação. A informação transmitida pela mídia permite ao cidadão alargar seu conhecimento sobre as questões públicas, evidentemente não sobre o todo, mas sobre parte do que se passa na sociedade.

No exame das condições necessárias para o pleno funcionamento da democracia, surgem como cruciais a liberdade de expressão e fontes alternativas de informação. São esses, entre outros, os requisitos para que um grande número de pessoas tenha igual oportunidade de controlar e contestar a conduta do governo e para que seja possível o exercício da oposição. Esses requisitos estão sujeitos às leis do mercado midiático, como o poder dos anunciantes ou dos acionistas das empresas que financiam a mídia, o poder político e o poder dos leitores, dos ouvintes e dos telespectadores.

A mídia exerce profunda influência na formação do pensamento político e social. Mas não vamos pensar que é possível analisar a mídia independentemente de outros processos históricos e sociais mais amplos.

Outra dependência deve ser examinada: a adesão dos jornalistas a determinados valores, crenças e ideologias que interferem na seleção e no tratamento dado à informação. A liberdade da mídia e as dificuldades a ela associadas são normalmente consideradas resultado de pressões políticas, econômicas e de sua subordinação aos interesses e valores das elites políticas dominantes. Poucos estudos se preocupam em analisar o papel consciente e voluntário dos jornalistas, sua adesão a movimentos ou partidos políticos e suas visões de mundo. A parcialidade política pode estar ligada a simpatias partidárias, a convicções ideológicas dos jornalistas, à orientação própria do tipo de empresa jornalística ou a determinantes comerciais.

Devemos chamar a atenção para a visão simplista — que encontramos em algumas análises — de que a televisão domina a política. Segundo tais análises, a mídia impõe suas opções políticas à opinião pública. Como mostra Manuel Castells em *O poder da identidade* (1999), isso não acontece porque "as mídias são extremamente diversas". Suas relações com a política e a ideologia são bastante complexas.

Por outro lado, muitas vezes se considera a opinião pública receptora passiva de mensagens, facilmente manipuláveis. Essa tese pode ser refutada, segundo Castells (1999), com o argumento de que há um processo de interação de mão dupla entre a mídia e sua audiência no que diz respeito ao impacto real das mensagens, que são distorcidas, apropriadas e muitas vezes subvertidas pelo público.

Ainda de acordo com Castells, não se deve esquecer que os meios de comunicação têm suas raízes na sociedade, e seu grau de interação com o processo político é muito indefinido: depende do contexto, das estratégias dos atores políticos e de interações específicas de uma série de aspectos sociais, culturais e políticos.

Na política democrática, para ser eleito é necessário obter a maioria dos votos dos cidadãos; e estes, para conhecer seus candidatos e suas propostas políticas, dependem da mídia. Hoje, a televisão é uma das fontes de informação de maior credibilidade. Assim, os partidos políticos e os candidatos a representantes da população usam-na para chegar ao eleitor.

Por outro lado, Castells (1999:372-374) indica que, sem a presença da mídia, as propostas políticas ou os candidatos não têm chance de obter uma ampla base de apoio. Todas as formas políticas têm de passar pela mídia para influenciar o processo decisório. Bons índices de audiência são fundamentais porque a principal fonte de renda da mídia é a publicidade. Altos índices de audiência exigem um meio de comunicação atraente e, no caso de notícias, credibilidade. Sem credibilidade, as notícias não têm valor algum, seja em termos de dinheiro, seja de poder. A credibilidade exige certo distanciamento em relação a opções políticas. A mídia precisa manter-se próxima da política e do governo para ter acesso às informações. Por outro lado, deve também assumir uma posição neutra ou distanciada para preservar sua credibilidade, atuando como intermediária entre cidadãos e partidos. Não se pode esquecer que a mídia leva aos eleitos a opinião dos eleitores, suas demandas, insatisfações e seus aplausos.

Hoje, os políticos sofrem uma pressão cada vez maior dos acontecimentos e da mídia. Eles são obrigados a responder às solicitações dos jornalistas e a construir suas imagens levando em consideração o resultado das pesquisas de opinião; sua estratégia eleitoral é dependente da lógica midiática. Para ser eleito, o político precisa dos conselhos profissionais de um especialista em comunicação. O público, por outro lado, é chamado permanentemente a dar sua opinião sobre o político, o partido, os programas etc. As pesquisas de opinião exercem forte pressão sobre os responsáveis políticos (Rieffel, 2005:14-15).

Falar de mídia e poder nas últimas décadas no Brasil é falar da história do país, já que a mídia é produto de um contexto geral, em que fatores econômicos, políticos, sociais e culturais são determinantes em sua estruturação e seu funcionamento. Também, as transformações que ocorreram recentemente na mídia no Brasil precisam ser pensadas como uma resposta às mudanças nas bases tecnológicas das indústrias midiáticas introduzidas nas sociedades ocidentais, embora a amplitude, a penetração e o tempo de introdução de novas tecnologias possam apresentar grande descompasso.

A mídia no Brasil

Um aspecto importante a ser ressaltado no funcionamento da democracia brasileira da atualidade é a ampliação do papel da mídia como uma das mais expressivas instituições coparticipantes na construção de nossa cidadania.

Se voltarmos nosso olhar para a imprensa da Primeira República no Brasil (1889-1930), vamos observar que os primeiros anos da República foram marcados por uma série de dificuldades políticas e econômicas. Houve radicalização nas posições políticas, o que se manifestou em revoltas e contestações. A imprensa retratava essa situação e em geral se posicionava diante das diversas opiniões.

Várias inovações técnicas foram introduzidas no jornalismo no período republicano, como a chegada das máquinas de escrever e novas máquinas de impressão, o que permitiu o uso de fotografias. Ao mesmo tempo, o telégrafo trouxe informações do exterior e as empresas jornalísticas passaram a comprar notícias de agências internacionais. Os anúncios pagos ocuparam grande espaço nos jornais. Passou-se também a utilizar a poesia para divulgar as vantagens de um produto ou de uma loja varejista. Escritores de prestígio como Olavo Bilac, Casimiro de Abreu, Emílio de Menezes, Bastos Tigre, Coelho Neto, Guilherme de Almeida, Orígenes Lessa e muitos outros foram responsáveis por algumas das mais importantes páginas de propaganda publicadas nos jornais do país.

Ao longo da Primeira República, as mudanças introduzidas gradativamente na imprensa obrigaram os literatos, que tinham forte presença nas redações, a trocar os jornais pelas redações de revistas. Houve a substituição, nos jornais, do folhetim pelo colunismo e pela reportagem. As revistas deram espaço para notáveis caricaturistas, que se dedicavam à crítica aos costumes e à política. Foi o período áureo de Raul Pederneiras, K. Lixto e J. Carlos. O humor também se destacou com a atuação de Aparício Torelly (o Barão de Itararé), que criou o jornal *A Manha*. Surgiram outros tipos de jornalismo, como a imprensa feminina, a imprensa negra e a imprensa operária, o que permitiu ampliar o conhecimento sobre as reivindicações desses grupos sociais.

A Revolução de 1930 acarretou grandes transformações na imprensa. O rádio se destacou nessa década como meio de informação e de entretenimento. Logo após a vitória da Revolução de 1930, ainda no Governo Provisório, teve início a censura à imprensa.

Mas foi no período do Estado Novo, com a Constituição de 1937, que a imprensa sofreu grande repressão. Os meios de comunicação e expressão, como teatro, cinema, rádio e jornais, foram submetidos à censura prévia, e não só isso: foi atribuído à imprensa o exercício de uma função de caráter público, o que obrigava todos os jornais a publicar comunicados do governo. O não cumprimento dessa exigência levava à prisão o diretor do jornal. O Departamento de Imprensa e Propaganda (DIP) ficou encarregado de executar essas medidas. Em 1940, passou a ser exigido o registro no DIP para a importação de papel de imprensa. Nesse período, dezenas de jornais deixaram de circular e centenas não conseguiram registro. *O Estado de S. Paulo* sofreu intervenção e Júlio de Mesquita Filho, seu proprietário, teve de partir para o exílio.

A Segunda Guerra Mundial (1939-45) e a entrada dos Estados Unidos na guerra, em 1941, levaram o Brasil a situar-se ao lado dos Aliados. Para informar a população dos acontecimentos que ocorriam na guerra, surgiu o *Repórter Esso*, na Rádio Nacional, do Rio de Janeiro, que divulgava informações vindas da United Press International (UPI). O programa se tornou o mais popular informativo do rádio.

A derrubada do governo Vargas em 1945 iniciou-se por intermédio da imprensa com a publicação da entrevista feita pelo então repórter Carlos Lacerda com o ex-ministro de Getúlio Vargas, José Américo de Almeida, que declarou seu apoio a eleições presidenciais sem a participação de Vargas. A entrevista foi publicada no *Correio da Manhã* no dia 24 de fevereiro de 1945.

Até os anos 1950, o rádio e a imprensa escrita detinham o monopólio da informação. A televisão, hoje onipresente, apenas engatinhava — basta dizer que a primeira emissora do país e da

América Latina, a TV Tupi de São Paulo, de propriedade de Assis Chateaubriand, foi inaugurada em setembro de 1950. Os jornais de grande circulação eram vespertinos e concentrados no Rio de Janeiro e em São Paulo, o que por si só era um claro indicador da importância política e econômica dos dois centros.

No segundo governo Vargas (1951-54), a imprensa teve papel destacado na crise política que levou ao suicídio do presidente, e os principais órgãos de imprensa, com algumas exceções, atuaram decisivamente tanto na formação de um consenso a respeito da crescente inviabilidade política do prosseguimento do mandato do presidente quanto na intermediação do diálogo e da articulação entre os diferentes grupos das elites políticas para a resolução do impasse. A imprensa fez um apelo à manutenção da ordem constitucional, ou seja, ao respeito à lei. Pedia a renúncia de Vargas e a continuidade constitucional com a posse de seu vice-presidente.

A década de 1950 assistiu também ao lançamento de jornais que foram precursores da modernização do jornalismo brasileiro, e à reforma de outros que atuavam desde o início da República e então ganharam novo fôlego. O *Última Hora*, criado em 1951, foi um dos mais inovadores do período, ao adotar técnicas de comunicação de massa até então desconhecidas no Brasil, uma diagramação revolucionária e grande racionalidade na gestão empresarial. O *Diário Carioca*, jornal mais antigo, que mantinha um grupo de jornalistas altamente qualificado, foi igualmente inovador ao introduzir, também em 1951, o uso do *lead* — o parágrafo inicial da notícia, em que devem estar respondidas as questões: o quê? quem? quando? como? onde? por quê? Foi ainda o *Diário Carioca* o primeiro a empregar uma equipe de copidesque na redação, desempenhando papel de formador de novos quadros na imprensa.

Em 1956, o *Jornal do Brasil*, que durante muitos anos foi tido como um "boletim de anúncios", deu início à sua reforma com a criação do "Suplemento Dominical", o "SDJB", que recebeu a colaboração de poetas, escritores, artistas plásticos, todos jovens de vanguarda ligados ao movimento concretista. Seu sucesso foi tal que a direção do jornal decidiu aprofundar a reforma. Surgiram o "Caderno C", de classificados, e o "Caderno B", dedicado às artes, ao teatro e ao cinema. Em 1962, a redação foi reestruturada e foram criadas as editorias que se especializaram na cobertura de temas como política, economia, esportes, cidade, internacional etc. A reforma do *JB* teria grande impacto e serviria de exemplo para as transformações subsequentes da imprensa brasileira.

Uma das marcas do jornalismo dos anos 1950 foi a paixão política. O debate político conduzido pelos partidos de maior penetração nacional da época dominou o espaço de todos os jornais, o que levou muitas vezes a ter papel ativo nas crises que abalaram o país.

O jornalismo de combate, de crítica, de doutrina e de opinião convivia com o jornal popular, que tinha como característica o grande espaço para o *fait divers* — a notícia menor, relativa aos fatos do cotidiano, a crimes, acidentes etc. —, a crônica e o folhetim. A política não estava ausente, mas era apresentada com uma linguagem pouco objetiva. Esse jornalismo de influência francesa acabaria por ser substituído pelo modelo norte-americano: um jornalismo que privilegia a informação e a notícia, e que separa o comentário pessoal da transmissão objetiva e impessoal da informação.

A atuação da imprensa no processo que levou à queda do regime constitucional, em 31 de março de 1964, foi fundamental. Ela foi um dos vetores da divulgação do fantasma do comunismo, e esse fantasma foi utilizado como uma das principais justificativas para a derrubada do governo. Ao mesmo tempo, a imprensa exacerbou a divulgação de notícias sobre a existência de um caos administrativo e participou, em seguida, da divulgação da ideia de que era imperiosa a necessidade de restabelecer a ordem mediante uma "intervenção militar".

Ao longo do período autoritário (1964-85), os meios de comunicação sofreram forte intervenção dos militares, que adotaram uma política deliberada de modernização do setor. Ao lado da imposição da censura, a modernização da mídia fazia parte de uma estratégia ligada à ideologia da segurança nacional. A implantação de um sistema de informação capaz de "integrar" o país era essencial.

Outro aspecto a ser lembrado é que o período ditatorial investiu na propaganda política adotando técnicas modernas de comunicação de massa. Houve um esforço para mobilizar a sociedade em torno de um projeto nacional de desenvolvimento. Difundiu-se uma visão otimista e ufanista do país e propagou-se a crença de que o Brasil, em um curto período, poderia integrar a categoria das nações desenvolvidas. As campanhas publicitárias se destacavam por ter um cunho educativo e cívico. Os militares usaram muito o "poder das imagens", em especial a televisão, para difundir suas propostas do "Brasil Potência", do "Brasil Grande".

Os empresários da mídia, no projeto de modernização dos meios de comunicação, foram beneficiados pelos militares. Concederam-se financiamentos para a construção de prédios, necessários para abrigar novas máquinas e permitir a expansão das redações. A publicidade dos órgãos oficiais também beneficiou muito a mídia — cerca de 30% das receitas dos jornais eram obtidos dos clientes oficiais, o que representava grande dependência do Estado.

Os militares atuaram de forma contraditória em relação à censura. Na busca de legitimidade política, o discurso dos militares justificava sua permanência no poder como uma forma de restabelecer a democracia, ameaçada pelo governo Goulart e pelos comunistas. Os militares não assumiam abertamente a censura nem a repressão à liberdade de expressão. Era proibido denunciar a censura.

A imprensa foi se afastando do governo à medida que a censura se tornava uma prática comum no novo regime, principalmente depois da edição do Ato Institucional nº 5, de dezembro de 1968.

A prisão de vários jornalistas desencadeou o medo nas redações, determinando a prática da autocensura.

Os proprietários dos meios de comunicação submeteram-se à censura, em grande parte, devido à dependência econômica que tinham do Estado, o que funcionou como amortecedor de uma possível oposição. Mas a censura prévia, com os censores dentro das redações — o que feria a autoridade e o poder dos proprietários —, criou as condições para o afastamento da mídia dos militares e uma maior aproximação com os jornalistas que lutavam pela liberdade de imprensa.

É importante lembrar que até os anos 1970 a empresa jornalística era controlada por seu proprietário (ou por sua família), o que lhe dava a possibilidade de pleno domínio da orientação política e do noticiário. As transformações técnicas, acompanhadas de novos métodos racionais de gestão, incentivaram a renovação na direção empresarial e nas redações. A partir de 1970 e 1980, o poder nas empresas adquiriu outra dimensão: não estava mais na mão de um só dono. O controle acionário passou a ser exercido por um número maior de membros da família, e quem dirigia eram os herdeiros da segunda geração ou novos proprietários. Os proprietários dos meios de comunicação se tornaram homens de organização submetidos à racionalidade da empresa e dotados de diversas especializações profissionais: economistas, administradores, engenheiros de produção, engenheiros de informática, submetidos a conselhos de administração, a comitês de diretoria e coordenação.

O perfil dos jornalistas também mudou. A profissionalização dos jornalistas também ocorreu durante o regime militar, com a ampliação da grande indústria cultural. A exigência do diploma universitário de jornalismo, a dedicação em tempo integral à atividade jornalística e a regulamentação da profissão são indicadores da profissionalização.

De todo modo, é possível identificar exemplos de atuação independente da mídia, assim como de sua participação na luta em favor da volta à democracia. Mídia e jornalistas utilizaram diversas estratégias para denunciar a censura, a opressão dos militares e a política econômica então adotada. A imprensa alternativa, as charges, as editorias de economia, as páginas de opinião e as telenovelas foram instrumentos de crítica ao regime. Esses espaços expressavam o descontentamento de uma parcela da população com as medidas de repressão e com a política então adotada.

O início da transição do regime militar para a democracia deu-se a partir de 1974, quando o general Ernesto Geisel assumiu a Presidência da República com uma proposta de liberalização política lenta e gradual, controlada pelos dirigentes autoritários.

O projeto de abertura política tinha como um dos pontos estratégicos a liberalização da imprensa, sobretudo da imprensa escrita — só um pouco mais tarde a televisão seria atingida.

A imprensa, ao divulgar fatos e acontecimentos, provoca reações que tendem a ampliar de forma rápida a participação dos atores políticos no processo. Quando se deu a suspensão da censura, a imprensa se tornou um elemento-chave para a aglutinação das forças sociais na luta pela redemocratização.

Assim, a mídia exerceu uma influência no processo de transição que perpassou as instituições e os mecanismos representativos clássicos, eleitorais e partidários. Como detentora de uma dimensão simbólica, suas mensagens circularam e foram apropriadas de maneiras diferenciadas, e adquiriram significados distintos, de acordo com as experiências individuais.

Jornalismo cidadão hoje

Ao se iniciar a volta ao regime democrático, novas orientações passaram a prevalecer na ação dos jornalistas. Uma delas é a ideia de que o jornalismo de "utilidade social" é um novo caminho a ser explorado. Essa ideia identifica a ação jornalista como tendente a servir aos interesses concretos dos cidadãos, a responder as preocupações de seus leitores ou de sua audiência; seria o "jornalismo cidadão". Esse novo jornalismo encontrou no "denuncismo" seu principal meio de expressão.

Após a promulgação da Constituição de 1988, a imprensa passou a divulgar uma interminável lista de denúncias envolvendo políticos, empresários, policiais, militares e outros em negócios considerados ilícitos, a merecer o exame da Justiça e da polícia. Algumas dessas denúncias levaram à renúncia de ministros, à perda de cargos de altos funcionários da administração pública, à cassação de deputados e senadores e mesmo ao *impeachment* de dois presidentes da República.

A imprensa esteve no centro de todos esses processos, seja participando da investigação como coadjuvante na busca de dados e informações para desvendar os negócios ou ações ilícitas, seja como mera repetidora do que lhe foi transmitido por meio do vazamento de informações. Com essa forma de atuação, ela tem dado maior visibilidade aos processos de tomada de decisão e de condução de políticas públicas, o que pode resultar em uma ampliação da cidadania e, ao mesmo tempo, maior responsabilidade na prestação de contas dos homens públicos.

De acordo com Waisbord (2001),

> o jornalismo investigativo não elimina a corrupção, mas permite dar consciência pública da sua existência. Ele não cria por si mesmo ou reforça mecanismos de fiscalização, mas contribui para que se desenvolva uma sociedade mais atenta aos abusos cometidos. Não torna responsáveis aqueles que detêm o poder pela corrupção, mas os força a que respondam por seus atos. Não produz reformas políticas, mas mostra áreas que precisam ser reformadas. Não cura os males sociais, mas pode contribuir para o debate e a busca de soluções. Não tem todas as respostas para os muitos pro-

blemas que tem a democracia contemporânea na América Latina, mas pode indicá-las.

Outra forma de manifestação do jornalismo de "utilidade pública" é o papel exercido pelos meios de comunicação como prestadores de serviço ao público. A imprensa escrita abriu espaço para as queixas e reivindicações dos leitores por meio das seções de serviços. Praticamente todos os jornais de grande circulação do eixo Rio-São Paulo mantêm colunas ou seções abertas ao público e procuram dar soluções a algumas das reclamações recebidas. Na década de 1990, houve um aumento considerável do número de jornais que abriram espaço para reivindicações dos leitores, como também houve um aumento do número de usuários dessas colunas ou páginas de serviços. É importante assinalar que esses espaços atendem prioritariamente a reclamações do cidadão — consumidor, de nível médio, tanto de instrução quanto de renda. O rádio e a televisão abriram canais de reivindicação de acesso à Justiça para as camadas da população de renda mais baixa, em que existe um maior contingente de analfabetos. Alguns canais de televisão fazem reportagens sobre o péssimo atendimento em hospitais, má qualidade e falta de controle de produtos industriais, falsificação de medicamentos, violência policial, corrupção da polícia e de funcionários públicos etc. Nesse tipo de programa, a mídia, em geral, transforma as reclamações da população em espetáculo.

A preocupação com os direitos do consumidor, que constituem uma parte do conjunto de direitos e deveres que formam o cidadão, é para os proprietários dos órgãos de comunicação um meio de ganhar leitores e ampliar a audiência do rádio e televisão. Dar maior espaço para a cobertura dos direitos do consumidor é um indício claro de que o jornalismo tem uma face voltada para o cidadão.

A televisão também tem adotado o recurso do "*merchandising* social", por intermédio das novelas, para divulgar mensagens com conteúdo social e de conscientização da população sobre assuntos a exemplo de ecologia, prevenção de doenças como Aids etc. Não há uma orientação direta sobre acesso à Justiça (Grissanti, 2001:230).

A importância que adquiriu, no final dos anos 1980, a atuação das rádios comunitárias deve ser lembrada como uma das experiências das práticas de comunicação alternativas que contribuem para a construção da cidadania. Essas rádios têm colaborado na divulgação e na consolidação de organizações comunitárias, ajudando a divulgar suas ideias e atividades.

A internet: um novo desafio

A entrada em cena da internet na década de 1990 trouxe novas possibilidades de ampliação da cidadania. Ela reúne elementos de todas as mídias existentes — texto escrito, som, imagem em movimento — de forma mais ágil em relação às mídias até então existentes. O jornalismo online disponibiliza a notícia em "tempo real". A periodicidade da informação pode ser a cada minuto, hora, dia, semana, mês. Cabe ao internauta fazer a opção. Ele também pode escolher as notícias que lhe interessam, bastando se cadastrar e escolher os temas. Um site permite a existência de veículos dirigidos a públicos cada vez mais segmentados.

Essa nova tecnologia despertou o entusiasmo de uns, que a consideram a transformadora da sociedade, e de outros, que veem na internet o fim das outras mídias. Essa visão ocorreu em outros momentos, quando da chegada do telégrafo, do rádio, da televisão. As mídias existentes ao longo da história não foram eliminadas pelas novas que chegavam: elas se adaptaram. A internet vai obrigar a imprensa escrita, o rádio e a televisão a encontrar novas estratégias para satisfazer às novas exigências do público.

Um dos limites da internet para chegar ao cidadão e exercer influências sobre seu comportamento é a multiplicidade de informações que não são completas nem isentas.

Referências

ABREU, Alzira Alves de. *A modernização da imprensa (1970-2000)*. Rio de Janeiro: Zahar, 2002. Col. Descobrindo o Brasil.

BARBOSA, Marialva. *História cultural da imprensa*: Brasil — 1900-2000. Rio de Janeiro: Mauad X, 2007.

BOBBIO, Norberto. *O futuro da democracia*. 9. ed. Trad. Marco Aurélio Nogueira. São Paulo: Paz e Terra, 2000.

CARVALHO, José Murilo de. Cidadania: tipos e percursos. *Estudos Históricos*, Rio de Janeiro, v. 18, p. 337-359, 1996.

____. *Cidadania no Brasil*: o longo caminho. Rio de Janeiro: Civilização Brasileira, 2001.

CASTELLS, Manuel. *O poder da identidade*. São Paulo: Paz e Terra, 1999.

CHARON, Jean-Marie; FURET, Claude. *Un secret si bien violé*: la loi, le juge et le journaliste. Paris: Seuil, 2000.

GRISSANTI, Suely M. Os meios de comunicação e o acesso dos cidadãos à Justiça. In: SADEK, Maria Tereza (Org.). *Acesso à Justiça*. São Paulo: Fundação Konrad Adenauer, 2001. Série Pesquisa, 23.

MARSHALL, T. H. *Cidadania, classe social e status*. Rio de Janeiro: Zahar, 1967.

PANDOLFI, Dulce Chaves et al. (Org.). *Cidadania, justiça e violência*. Rio de Janeiro: Ed. FGV, 1999.

RIBEIRO, Ana Paula Goulart. *Imprensa e história no Rio de Janeiro dos anos 50*. Rio de Janeiro: E-papers, 2007.

RIEFFEL, Rémy. *Sociologie des médias*. Paris: Ellipses, 2005.

WAISBORD, Silvio. El buen periodismo: las contradicciones irresueltas del periodismo de investigación. *Contribuciones*, Buenos Aires, v. 2, n. 70, p. 105-116, abr./jun. 2001.

6 JORNALISTAS: UM DUPLO ANONIMATO*

Este texto apresenta o resultado de pesquisa sobre o perfil da elite jornalística que atuava na imprensa escrita e televisiva dos estados do Rio de Janeiro e de São Paulo nos anos 1990.

Uma observação, mesmo superficial, sobre como é definida a informação cotidiana mostra que uma minoria de jornalistas detém o poder de influência sobre a escolha e a interpretação da informação. Esses jornalistas possuem um grande número de fontes de informação, selecionam seus informantes, controlam, decidem a respeito da veracidade e interpretam a informação que será divulgada no jornal ou na televisão. Outra constatação é a de que pouco se sabe sobre os jornalistas. Quem são? De onde vieram? Como trabalham? O que pensam? Para quem escrevem? Qual sua inserção social?

A pesquisa se desenvolveu em duas etapas. A primeira consistiu na elaboração de um formulário, enviado a jornalistas já selecio-

---

* Texto apresentado no III Encontro Nacional de História Oral. Campinas, 2-4 de maio de 1996. Publicado em: SIMSON, Olga Rodrigues de Moraes von (Org.). *Os desafios contemporâneos da história oral, 1996*. Campinas: Unicamp/CMU, 1997. p. 185-196.

nados como pertencentes ao topo da hierarquia socioprofissional (60 questionários foram enviados). Com esse formulário, buscou-se obter informações preliminares sobre a origem social do jornalista, a formação profissional, o início da carreira, os jornais em que trabalhou, as funções que exerceu, outros empregos etc. Essa primeira etapa visou cobrir uma deficiência de dados sobre os jornalistas.

Constatou-se, por meio de uma pesquisa na Associação Brasileira de Imprensa (ABI), em jornais, revistas especializadas, biografias e autobiografias publicadas, que essa categoria profissional, que divulga informações sobre fatos, acontecimentos e personagens da vida política, econômica, social, cultural, esportiva, artística etc., não divulga, ou raramente o faz, sua forma de atuação e o perfil de seus membros. Nos necrológios é possível obter dados sobre a carreira dos jornalistas de maior destaque, mas o universo selecionado para esta pesquisa só incluiu jornalistas em atividade.

A segunda etapa dependia em grande parte da primeira, já que a opção quanto ao método de pesquisa concentrou-se na obtenção de depoimentos orais. Para a realização dos roteiros das entrevistas, era indispensável contar com dados básicos sobre a trajetória de vida do entrevistado, senão ficaria inviabilizado qualquer trabalho de qualidade acadêmica. Os questionários respondiam a essa necessidade.

As entrevistas foram realizadas com jornalistas profissionais, definidos como aqueles que têm como ocupação principal e regular a imprensa escrita ou televisiva, que mantêm vínculo empregatício com uma empresa na qual exercem sua função e dela retiram sua principal fonte de sobrevivência. Também foram selecionados jornalistas que ocupam funções nas editorias de política e economia, porque são esses os espaços onde se definem as orientações e características dos jornais de maior circulação. As editorias de política e de economia são consideradas as de maior prestígio e poder dentro dos jornais, e são elas que fornecem as características que mais interessam a esta pesquisa.

Neste texto trabalhamos basicamente com um dos temas tratados nas entrevistas, ou seja, a obtenção de informações por meio da fonte privilegiada, em que o nome do informante permanece em sigilo. Discutiremos o duplo anonimato do jornalista: de um lado, ele pode assinar uma coluna ou uma matéria no jornal, aparecer na televisão, mas dificilmente são explicitados para o público a maneira como ele trabalha, seus métodos de obtenção da informação e sua forma de construir a notícia; de outro lado, a informação que ele obtém, em geral, é confidencial, e os nomes de suas fontes são mantidos no anonimato. Deve-se assinalar que, nos depoimentos prestados para esta pesquisa, alguns jornalistas pediram para permanecer anônimos, em especial quando falavam de experiência com a informação sigilosa.

Para o historiador que tem a imprensa como uma das fontes para a reconstrução do passado e para a elaboração da história do tempo presente, a compreensão dos métodos utilizados por esse veículo parece primordial. Os depoimentos orais obtidos nesta pesquisa desvendaram algumas formas de construir os fatos e narrar os acontecimentos que são conhecidas somente por aqueles que estão envolvidos nesse processo.

O jornalista trabalha com uma vultosa quantidade de informações orais que ele deve selecionar para construir a notícia; porém, dada a pressa em apresentar os resultados ao público, ele não dispõe de tempo para tratar ou criticar seus dados e suas fontes, nem para aprofundar sua pesquisa. Essa seria uma das especificidades do jornalismo e uma das diferenças em relação ao trabalho do historiador (Lacouture, 1998).

A informação

A notícia produzida sobre decisões que afetam os interesses da sociedade muitas vezes é colhida oralmente de informantes que atuam no centro de poder ou que participam de alguma forma do processo decisório, mas o público não tem acesso a seu nome nem ao relato das conversas mantidas entre entrevistador e entrevistado. É a chamada informação "em *off*" ou "vazamento de informação".

O termo "em *off*" tem origem na expressão inglesa *off the record*, que significa "gravador desligado": a conversa entre jornalistas e seu informante entra em um clima de maior liberdade, se torna mais íntima, e podem ocorrer revelações de fatos que normalmente não chegariam ao público pela imprensa. A informação confidencial em geral é dada para não ser publicada, ou para que o jornalista elabore sua informação a partir do conhecimento de dados restritos a um pequeno segmento — ele noticia parte do que ouviu. As revelações confidenciais são feitas com a condição de que o nome do informante permaneça em sigilo. O "vazamento da informação" pode ser considerado uma informação em *off*, embora em muitos casos signifique a divulgação de um segredo de Estado, ligado a temas de segurança nacional. Nesse caso, a divulgação pode provocar consequências sérias para quem sofreu o vazamento.

Convém lembrar que nem toda informação é obtida por intermédio de informantes que permanecem no anonimato. Muitos jornalistas trabalham também, e outros exclusivamente, com declarações oficiais fornecidas pelas assessorias de imprensa ou com declarações de autoridades. Esse é o discurso formal, oficial, aquele que o poder considera que deve ou pode ser divulgado.

Os jornalistas que ocupam hoje posições de destaque nas editorias de política e de economia dão maior importância às fontes de informação orais. Elas são obtidas por contatos telefônicos, em encontros em restaurantes ou entrevistas em locais previamente combinados.

Para determinar com maior nitidez como se constituem as fontes de informação e os diversos problemas aí envolvidos, algumas questões devem ser apresentadas. Como o jornalista seleciona seus informantes? Quais as regras para obter dados e controlar esses dados? Que tipo de relação se estabelece entre jornalista e sua fonte? Como essas informações são processadas e apresentadas ao público leitor ou televisivo?

Nos depoimentos que obtivemos, alguns jornalistas disseram que é "um exercício difícil, é a prática e a experiência" que determinam a seleção de quem está próximo do poder e detém informações capazes de ser transformadas em notícias. As pessoas também são identificadas como aquelas capazes de transmitir fatos "verdadeiros". Nas entrevistas, fica claro que é necessário estabelecer relações próximas, pessoais e de confiança. A dificuldade apontada por alguns jornalistas é manter uma relação estritamente profissional com o informante, pois nem todos admitem a diversidade de opiniões. O informante muitas vezes quer transformar o jornalista em "cúmplice" de determinada posição ou ideia, um instrumento para divulgar dados de seu interesse.

O jornalista B.O. diz:

> Tenho uma caderneta de telefones e me comunico com pessoas que estão a par dos assuntos que me interessam, ou então telefono ao acaso, para saber do que está ocorrendo em sua área. E procuro uma coisa difícil, que é me equilibrar, é ao mesmo tempo uma questão técnica e psicológica. Você tem que ter um relacionamento com as fontes tão próximo a ponto de você não servir, não ser utilizado pelas fontes. Isso é o que eu chamo de exercício de equilíbrio. O problema não é só de cruzar informações, mas as técnicas de se relacionar com seres humanos, no sentido de ter clareza de que você também não pode usar as pessoas, extrair delas o que você precisa para transmitir ao público; isso é um problema permanente. Nessa relação não se podem estabelecer padrões. O único padrão é o sigilo.

O depoente chama a atenção para a forma como devem ser tratadas as fontes: "Não pode ser uma relação servil nem uma relação desleal. Eu procuro ser justo". Para outro jornalista, o que deve nortear a relação com a fonte "é o bom senso, são os valores individuais, os princípios, o caráter do indivíduo" (Ricardo Noblat, citado por Moura, 1987:168).

Um dos entrevistados, M.C., diz que o fundamental na relação com o informante é a "confiança" e a forma inicial de aproximação: "Você tem que conhecer um pouco o tipo de personalidade da pessoa que será sua futura fonte. Às vezes a primeira abordagem é equivocada e você perde as chances de conquistá-la. É tudo intuitivo". O outro lado dessa relação é que o informante também testa o jornalista; "a fonte vai te experimentando", segundo B.O. Outro depoente, G.A., considera que "a fonte educa o jornalista, não é o jornalista que manda na fonte. Ele aprende a lidar com esse tipo de informante".

Robert Darnton (1990:82) lembra as preocupações do repórter ao preparar uma matéria:

> A manhã seguinte começa psicologicamente a existir no começo da tarde anterior, ao entregar um resumo da matéria que vai redigir, pois ele sabe que no dia seguinte terá de encarar suas fontes de informação e, se não as respeitar nesta reportagem, elas poderão prejudicar sua tentativa de cobrir matérias futuras.

Darnton também chama a atenção para o risco de o jornalista ficar prisioneiro de suas fontes e adotar a autocensura. Depois de trabalhar longo tempo numa mesma área, o jornalista começa a adotar imperceptivelmente o ponto de vista das pessoas sobre as quais escreve. Ele dá como exemplo o fato ocorrido com o diretor da sucursal londrina do jornal norte-americano *The Times*, que era veementemente favorável aos ingleses, ao passo que o diretor da sucursal de Paris era favorável aos franceses. Ao noticiarem as negociações da Inglaterra para entrar no Mercado Comum, escreveram um contra o outro. O *The Times* desconfia tanto da tendência de que seus correspondentes estrangeiros desenvolvam uma propensão favorável ao país onde moram que os transfere de três em três anos. Darnton (1990:83) ainda exemplifica esse tipo de risco ao mostrar que os repórteres policiais veteranos que trabalham nas delegacias acabam desenvolvendo uma

> relação de simbiose com a polícia. Em Newark, havia quatro velhos e rijos repórteres que tinham mais tempo de delegacia do que a maioria dos policiais. Conheciam todos os figurões da polícia: bebiam com os tiras, jogavam pôquer com os tiras, adotavam a concepção de crime dos tiras. Nunca escreviam sobre a brutalidade policial.

Nas entrevistas feitas para esta pesquisa, algumas características parecem indicar que os jornalistas, com o tempo, vão aprendendo a distinguir a boa fonte. Um bom informante é o que relata os fatos sem interpretar, que se limita ao factual, arma a equação e deixa ao jornalista o poder de interpretar. Mas há também os bons informantes que, além de relatar fatos, procuram transmitir a visão deles, dão uma interpretação ao ocorrido. Muitos, além de serem pródigos em apresentar fatos, reproduzir falas, sonegam dados fundamentais para induzir a um tipo de conclusão que é de seu interesse. De acordo com o depoimento de M.A., o bom informante é aquele que "antena o jornalista para determinados fatos, ele te abre os olhos para coisas que provavelmente sem ele eu não veria". A boa fonte, continua, é a que transita em várias áreas do governo, tem acesso a todos os partidos. Chama a atenção para pessoas, situações, dá pistas a serem checadas. O informante que dá boas pistas nem sempre está situado no centro do acontecimento, onde ocorre o fato, mas sim onde a notícia está sendo processada. São pessoas que têm um tipo de conexão; não necessariamente são a parte interessada. De acordo com M.A., um informante do Itamaraty, por exemplo, às vezes passa informações muito mais importantes na área de negócios do que muitos industriais ou banqueiros.

Todos os entrevistados indicam que é a experiência que permite filtrar, complementar dados de uma fonte, verificar informações. Mas, quando a fonte passa dados errados propositadamente, a regra é: "Me mentiu em *off*, me jogou numa fria, eu publico o nome do informante no dia seguinte no jornal". Há casos em que o informante induz o jornalista a cometer erros, mas porque ele próprio estava equivocado. Nesse caso, o jornal simplesmente assume o erro, pede desculpas ao leitor e retifica a informação.

A informação em *off* não é obtida somente pelo movimento do jornalista de buscá-la através de seus contatos. Há também o movimento inverso: a fonte procura o jornalista para que ele divulgue um fato, um acontecimento ou dados que vão ser notícia. Em geral, a fonte sabe escolher o jornalista mais bem posicionado para transmitir determinadas informações que não deveriam chegar ao público. Existe ainda outro caminho, que é o da informação que chega anonimamente. Segundo nossos entrevistados, a quantidade de dados e denúncias que assoma às redações de jornais e revistas é preocupante. Qualquer concorrência pública faz chegar hoje à imprensa uma enorme soma de denúncias, de vazamento de informações. O jornalista tem de criar regras para checar e controlar essas denúncias; ele não pode ignorá-las.

As informações precisam ser checadas, segundo nossos depoentes, mesmo quando são fornecidas por pessoa de total confiança. Alguns jornalistas enfatizam que raramente publicam uma matéria baseada em uma só fonte. Mas nesse caso surge o problema do tempo necessário para o controle da informação. Aqui se estabelece a diferença entre as notícias publicadas pelo jornal diário ou pela televisão e as que são publicadas pelas revistas semanais. Estas dispõem de mais tempo para fazer a checagem da informação, o que as leva, como é o caso de *Veja* ou *IstoÉ*, a desempenhar um papel maior de investigação do que o jornal. Isso explica por que as revistas apareceram nos últimos episódios políticos do país como os veículos mais importantes no que toca a temas que exigiam maior apuração. São exemplos as denúncias contra o ex-presidente Fernando Collor ou as escutas telefônicas no governo Fernando Henrique Cardoso. Os jornais hoje não investem na investigação; apenas alguns fazem esse tipo de trabalho para as edições de domingo.

Nem tudo o que é revelado em *off*, porém, é divulgado na imprensa. De um lado, nem toda informação que chega ao jornalista é percebida por ele como notícia: depende da capacidade de percepção de cada um. De outro, mesmo hoje, no regime democrático, muitas vezes o informante não permite que o jornalista divulgue fatos de extrema gravidade que podem comprometer a relação entre o poder e a imprensa. Nesses casos, o proprietário do jornal tem a palavra final. Mas, de modo geral, a competição corrige esse problema. Se um jornal não publica uma informação de grande relevância, ela vai imediatamente para o jornal concorrente.

A informação que aparece no jornal cotidiano deve ser vista como uma parte do que de fato ocorreu. Por intermédio da fonte anônima, a imprensa pode divulgar uma informação que em princípio só circularia em um grupo restrito do poder e que chega ao público graças a uma falha no sistema de controle do Estado, que tudo faz para manter em segredo os processos de tomada de decisão.

Referências

DARNTON, Robert. *O beijo de Lamourette*. São Paulo: Companhia das Letras, 1990.

LACOUTURE, Jean. L'histoire immédiate. In: LE GOFF, Jacques (Dir.). *La nouvelle histoire*. Paris: Complexe, 1998.

MOURA, Marilucе de Souza. *Informação em "off"*: uma operação de poder. Dissertação (mestrado), Escola de Comunicação, UFRJ, Rio de Janeiro, 1987.

7 JORNALISTAS E EDITORIAS DE ECONOMIA*

Neste trabalho analisaremos o papel das editorias de economia criadas durante o regime militar. Ênfase especial será dada ao jornal *O Globo*, pois pelo estudo de sua editoria de economia é possível identificar as mudanças que estavam ocorrendo na imprensa.

Este estudo permite observar como os jornalistas das editorias de economia usaram esse espaço como "resistência à ditadura" e expressão de engajamento político. Permite também uma nova interpretação sobre o comportamento dos jornalistas, suas visões de mundo e orientações ideológicas, ao examinar sua ação política.

Por outro lado, o comportamento dos "donos de jornais", no caso específico de *O Globo*, mostra-se distante daquele que lhes é normalmente atribuído, o de responsáveis por um jornal que seguia as diretrizes do regime. A análise de suas páginas dedicadas ao noticiário econômico parece refletir a orientação ideológica dos

---

* Parte deste texto foi publicada nos anais do XXIV Encontro Anual da Anpocs. Petrópolis (RJ), 23-27 de outubro de 2000.

jornalistas que estavam à frente das redações, muito mais do que a do proprietário do jornal. É possível explicar como essa editoria participou, durante o processo de "abertura", da articulação entre os interesses empresariais, os sindicais e a esfera estatal.

O problema da independência do jornalismo em relação à economia aparece aqui de outro ângulo. A liberdade de informação que sofreria restrições impostas pelos anunciantes ou acionistas das empresas que financiavam as páginas do jornal não teria o peso que em geral lhe é concedido; a adesão dos jornalistas a determinados valores, crenças e ideologias seria um dos fatores de interferência nessa liberdade. O privilégio de um tipo de informação em detrimento de outro e o tratamento dado à informação parecem obedecer a outras lógicas que não só a econômica (Duval, 2000:56-75).

As análises clássicas não dão conta desse problema, na medida em que atribuem uma homogeneização da informação ao fato de a mídia ser explorada comercialmente e ser formada por oligopólios, o que determinaria uma capacidade de intervenção não só na produção como na veiculação da informação, por parte dos oligopólios.

Editorias de economia

Nos anos 1970 os jornais passaram a dar destaque ao noticiário econômico, não só porque as notícias sobre política sofriam forte censura, mas também porque a economia se tornou um dos temas centrais do regime militar. Na trajetória de mudanças ocorridas durante esse período, os economistas passaram a ter o papel e o espaço que antes eram reservados à política e aos políticos. Os militares, em nome da eficiência econômica e da competência técnica, deram aos economistas os cargos de direção nos órgãos públicos, onde eles exerceram o poder de definir as políticas públicas e as orientações básicas para o desenvolvimento brasileiro. Os economistas atuaram praticamente como dirigentes políticos, mas sem as obrigações exigidas de um representante detentor de mandato eleitoral. Eles não precisavam prestar contas de seus atos a um partido ou eleitorado.

No regime militar, a legitimidade do governo diante dos governados foi dada, como mostra Celso Lafer (1975:74), pela racionalidade da administração econômica, durante o governo de Castelo Branco (gestão dos ministros Roberto Campos e Octavio Gouveia de Bulhões), e pela eficácia da economia, isto é, pelo desenvolvimento, durante os governos de Costa e Silva e de Médici (gestão econômica do ministro Delfim Netto).

Nesse contexto político, as editorias de economia dos jornais de maior circulação do Rio de Janeiro e de São Paulo foram criadas ou reestruturadas e rapidamente conquistaram grande espaço e prestígio. Nelas foram introduzidas inovações que em seguida se estenderam a toda a redação. Os proprietários de jornais, diante das pressões da censura e da apreensão dos exemplares pela polícia, foram substituindo o noticiário político pelo econômico ou por notícias internacionais. Foi também o momento de profissionalização das empresas e dos jornalistas.

Para os militares, as editorias de economia representavam um espaço de menor risco, porque as informações eram basicamente sobre o setor público, e os dados e índices eram oficiais, fornecidos pelo BNDE, pelo Conselho Monetário Nacional, pela Associação Comercial, pelas Federações das Indústrias e, sobretudo, pelo Ministério da Fazenda, pelo do Planejamento e pelos principais órgãos estatais. Mas a censura atingia todos os setores dos jornais, alguns com mais intensidade do que outros. Entre as 288 ordens de censura guardadas pelo jornalista Alberto Dines, então chefe de redação do *Jornal do Brasil*,[1] no período de 1972 a 1974, há 24

[1] Documentos cedidos à FGV/CPDOC por Alberto Dines.

ordens de censura a temas econômicos; os assuntos que mais preocupavam os militares e a Polícia Federal nessa área eram: abastecimento (11 proibições), petróleo (7), política salarial e oposição sindical (6).

É evidente que esses números não podem ser usados como os únicos indicadores para avaliar os efeitos da censura. O trabalho dos censores indicava que eles tinham critérios definidos; ao contrário, as histórias contadas pelos jornalistas sobre matérias censuradas indicam o caráter aleatório de censura, o que incutia insegurança e medo em quem trabalhava na imprensa. Talvez fosse exatamente esse o objetivo que orientava a censura (Ventura, 2000).

Para os jornalistas, as editorias de economia se tornaram o espaço para o exercício de um engajamento político, correspondiam aos anseios de uma intervenção social e de uma participação política. Um número significativo de jornalistas que fez parte de nosso estudo tinha um envolvimento com organizações políticas e já estava engajado. Na verdade, a natureza do papel atribuído à imprensa e ao jornalismo nos anos 1960-70 pode ser vista como um elemento fundamental na escolha do jornalismo como profissão.

A geração de jornalistas que iniciou a vida profissional nos anos 1960, durante o regime militar, viveu o auge do engajamento político, mas a partir dos anos 1980 esse engajamento começou a diminuir ou a assumir novas formas.

O engajamento é típico do século XX porque foi nesse século que caíram todas as barreiras que impediam o direito do indivíduo de se associar, se reunir e se expressar. Foi nesse século que se ampliaram os sindicatos, os partidos políticos, os movimentos de reivindicação, as associações cívicas etc. (Prost, 1988:14-26). O engajamento é uma atitude pessoal, é uma decisão "voluntária". O engajamento político significa a adesão a uma ideologia e o exercício de uma atividade organizada no interior de um partido ou movimento. No sentido dado por Jean-Paul Sartre (1945, 1948), representa para o indivíduo abdicar de sua liberdade de julgamento em benefício de uma causa, de um partido. O escritor, ao narrar, contar, explicar, analisar, desnuda o real e age sobre o real, porque "falar é agir" (Sartre, 1948). Ser engajado é participar de um conjunto de valores, atitudes, de um processo de identidade. O engajamento teria nascido do sentimento do intolerável diante da injustiça, da indignação provocada pela arbitrariedade, levando à ideia de que a passividade é culpada e cúmplice (Perrot, 1998:4-13). Segundo Michelle Perrot (1998:6), "esse sentimento de responsabilidade pela infelicidade do mundo torna urgente 'fazer alguma coisa', supõe uma representação da sociedade como uma soma de relações interdependentes sobre a qual é possível agir".

O indivíduo engajado se mobiliza em torno de objetivos políticos, que podem ser orientados para a luta pela garantia das liberdades democráticas, pelos direitos dos cidadãos, contra as ditaduras, pela reunião ou separação dos territórios de uma nação, em defesa da classe operária, em defesa dos oprimidos etc. No Brasil, ser engajado nos anos 1960-70 representava participar de ações a serviço de uma sociedade mais justa, mais igual, derrubar os militares do poder e implantar um regime democrático ou socialista. Neste último caso, estavam os filiados ao Partido Comunista Brasileiro (PCB), ao Partido Comunista do Brasil (PCdoB), a outros movimentos de esquerda e também aos movimentos revolucionários de guerrilha que se formaram no final dos anos 1960.

A imprensa foi para muitos jovens o caminho para divulgar suas posições ideológicas, uma forma de exercer um engajamento político. Essa ação resultou na introdução de mudanças na imprensa e na forma de praticar o jornalismo.

Uma editoria à esquerda do jornal

O jornal *O Globo* iniciou um processo de mudanças em 1972, logo após o jornalista Evandro Carlos de Andrade assumir a direção da redação. O pretexto para o convite a Evandro foi a necessidade de substituir o então diretor Moacir Padilha, afastado por motivo de saúde. A estratégia de Roberto Marinho, proprietário do jornal, ao entregar o cargo a Evandro era reformular o jornal para torná-lo competitivo e disputar a liderança que até então estava com o *Jornal do Brasil*. *O Globo* era o jornal conservador que havia apoiado a derrubada do regime constitucional em 1964 e que não se renovara. Tinha uma imagem desgastada, era o jornal mais identificado com o regime militar e começara a perder leitores e espaço publicitário. Uma pesquisa encomendada pela direção do jornal em 1967 mostrou que a idade média dos leitores de *O Globo* era de 45 anos e não havia renovação. Isso significava que a expectativa de vida dos leitores era muito baixa e que em poucos anos o jornal tenderia a desaparecer. Além disso, continuava a ser um jornal que não tinha importância nacional, com um noticiário centrado na cidade do Rio de Janeiro.

A decisão de rejuvenescer o jornal foi tomada por seu proprietário quando já se avizinhava a crise que levou ao desaparecimento de vários jornais na década de 1970, como *Correio da Manhã*, *Diário de Notícias* e *O Jornal*, e provocou a decadência de outros, como *Última Hora*. Urgia aumentar o faturamento do jornal, já que a introdução de novas tecnologias exigia altos investimentos e a reestruturação da redação e da gestão da empresa.

As medidas iniciais foram a reestruturação das sucursais nos estados e a compra de serviços da Agência Estado, o que reforçou o jornal do ponto de vista informativo. Foi extinta a chamada cobertura policial, integrada, nessa reforma, na reportagem geral. O copidesque, que era a forma de padronizar a linguagem do jornal, foi descentralizado, e cada editoria passou a ter seus redatores. Essa decisão ajudou a tornar o jornal mais diversificado.

Houve uma reestruturação dos cargos e salários da redação, melhorando o padrão salarial, e ao mesmo tempo deu-se a exigência de dedicação exclusiva dos jornalistas à empresa.

O acúmulo com cargos públicos ou cargos em outras empresas foi abolido nos novos contratos (Andrade, entrevista, 29 out. 1997). Outras transformações: o lançamento do classifone em 1975, que ampliou a venda de espaço no caderno de classificados, criado em 1969; a edição matutina; o lançamento da edição dominical (1972); o forte investimento em vendas por assinatura. Mas foi a reorganização da redação em editorias e a criação da editoria de economia que representaram um grande salto de qualidade do jornal *O Globo*.

Uma das primeiras inovações introduzidas por Evandro Carlos de Andrade foi a contratação, no início de 1972, do jornalista Ismar Cardona para organizar a editoria de economia. O setor de economia do jornal contava nesse momento com dois ou três repórteres sob a chefia de Pery Cotta. Para reestruturar e competir no mercado, era preciso formar uma equipe mais profissional e dar nova orientação ao noticiário. Cardona iniciou a montagem da nova editoria com a contratação de novos jornalistas, como Johnson Santos, Luis Alberto Bittencourt, George Vidor, Otávio Costa, Cecilia Costa, Lúcia Murat, Paulo Adário, Lia Ferrari, Helena Celestino, Marcos Dantas e outros. Montou uma equipe constituída de 22 jornalistas qualificados e que tinha orientações políticas e engajamentos em partidos ou movimentos de esquerda. Ismar Cardona lembra que a editoria de economia de *O Globo* nos anos 1970 "se notabilizou por seu caleidoscópio de A a Z — tinha jovens do MR-8, tinha trotskistas, filiados ao Partido Comunista Brasileiro, à Var-Palmares etc. Eram quase todos militantes ou ex-militantes" (entrevista, 26 set. 2000).

Dos 52 jornalistas que entrevistamos para a pesquisa, e que trabalham hoje na imprensa do Rio de Janeiro, de São Paulo e de Brasília, 42% foram filiados a partidos ou movimentos de esquerda e 60% declararam sua filiação ao PCB nos anos 1960-70. Os outros 40% se distribuem entre os vários movimentos de esquerda que atuaram no final dos anos 1960 e que atraíram um grande número de jovens universitários com propostas de mudanças sociais por meio da luta armada.

É importante assinalar que no período pós-guerra, no Brasil, muitos jornais de prestígio e grande circulação tinham, entre seus jornalistas, filiados ou simpatizantes do PCB. A escolha por essa profissão era uma forma de exercer um engajamento político, divulgar uma ideologia e atuar politicamente. No final dos anos 1960, foram os dissidentes do PCB que utilizaram a imprensa como forma de engajamento.

Esses jornalistas-engajados tornaram as páginas do jornal *O Globo* umas das mais importantes do país, atraindo recursos financeiros provenientes da publicidade. Uma das grandes fontes de receita dos jornais vinha da publicação dos balanços financeiros anuais das empresas. O aumento do número de empresas que passou a negociar títulos na Bolsa de Valores induziu a uma maior busca de informações econômicas sobre empresas, negócios, investimentos, o que resultou em maior procura da imprensa como meio de obter e divulgar informações. Também nos anos 1970, setores da classe média começaram a aplicar suas economias no mercado de capitais; foi a expansão das bolsas de valores, que ampliou a busca de informações por parte de uma grande massa de leitores.

Nos primeiros anos da década de 1970, os jornalistas que cobriam economia tiveram de enfrentar as barreiras da falta de conhecimento especializado na área. As informações eram obtidas entre os tecnocratas, que utilizavam uma linguagem conceitual de difícil compreensão para o público leitor, e muitas vezes os jornalistas reproduziam as informações tal como lhes eram transmitidas, sem codificação, com algumas adaptações para a linguagem comum. Os novos termos, a nova linguagem que passou a integrar o cotidiano do noticiário recebeu a designação de "economês", expressão cunhada por Carlos Lacerda (Dines, 1986:72).

Durante o período do "milagre econômico", quando o ministro Delfim Netto tinha forte controle sobre todos os setores econômicos, e quando o desenvolvimento teve importante intervenção do Estado e os setores básicos da economia recebiam significativos investimentos estatais, as fontes de informação dos jornalistas eram os técnicos ou assessores dos órgãos governamentais ou o próprio ministro da Fazenda e seus assessores.

As editorias de economia foram também usadas como instrumento de divulgação da política econômica do regime militar. Era importante para o regime que a imprensa difundisse as conquistas e os avanços econômicos, na medida em que a economia se tornou a moeda de legitimação política para os militares. Houve uma grande expansão dentro dos órgãos oficiais de assessorias de relações públicas, encarregadas de propagandear as obras e os investimentos realizados pelo governo federal e pelos governos estaduais.

A transição democrática e o engajamento

O crescimento econômico acelerado entre 1968 e 1973, quando o PIB cresceu 11,2% ao ano, foi um elemento favorável de sustentação política do regime de 1964. O desempenho positivo da economia foi acompanhado por um alto grau de repressão e de censura às organizações políticas e sindicais.

No entanto, a situação começou a se deteriorar a partir de 1973. Manifestaram-se várias disfunções no funcionamento do sistema autoritário, levando setores militares a buscar retificar o rumo dado à política brasileira. O governo do general Ernesto Geisel (1974-79), percebendo a erosão de legitimidade do regime, propôs uma estratégia de liberalização política "lenta, gradual e segura", projeto político que visava recuperar o apoio da sociedade para a "obra revolucionária". A liberalização da imprensa foi um dos mecanismos acionados na recuperação da legitimidade política.

O governo Geisel teve início sob o signo da crise do petróleo, que eclodira em 1973, quando os preços do produto quadruplicaram, acarretando graves consequências para o mercado mundial. Houve desaceleração no ritmo de crescimento econômico do país, o início da retomada do processo inflacionário e o aumento do endividamento externo. Mas a política econômica então adotada não impôs restrições ao crescimento; ao contrário, foi lançado um programa para que o país crescesse a uma taxa média de 10% ao ano. A decisão estaria ligada ao projeto de "abertura" política iniciado pelo presidente Geisel e que necessitava de confiança e apoio nos meios militares, políticos e empresariais.

A crise do petróleo serviu como importante fator de desnudamento do modelo econômico adotado pelo regime militar e foi o motor de aglutinação dos opositores e descontentes com a política dominante de repressão e censura. A par disso, o desastre eleitoral do governo nas eleições de 1974 permitiu o aceleramento da abertura política, que se traduziu na retirada gradual da censura à imprensa.[2] Esse processo foi acompanhado pela retomada, com maior visibilidade, do engajamento político, que se fez em torno da volta à democracia.

A economia e o modelo econômico brasileiro tornaram-se o foco de resistência dos jornalistas brasileiros ao regime. As editorias de economia organizaram-se em torno de alguns jornalistas que lideraram a formação de uma geração de jovens capacitados a acompanhar as decisões econômicas do governo. Eles se dedicaram a estudar questões que não faziam parte de sua formação profissional; poucos tinham formação econômica, mas tiveram de lidar com informações sobre dívida externa, tipos de investimentos que estavam sendo feitos, entender o modelo econômico aplicado, suas consequências na distribuição da riqueza etc. Buscaram então, entre os economistas que trabalhavam nas universidades e

---

[2] Em janeiro de 1975, foi suspensa a censura prévia ao jornal *O Estado de S. Paulo* e em junho de 1976 foi retirada a censura da revista *Veja*. A censura foi mantida até junho de 1978 nos jornais *Movimento* (imprensa alternativa), *Tribuna da Imprensa* (RJ) e *O Estado de S. Paulo* (SP).

em instituições de pesquisa como Ipea, IBGE, FGV, Ierj, dados e argumentos necessários para fazer oposição ao governo. Com isso, divulgaram para um público mais amplo o resultado das pesquisas que normalmente ficavam restritas ao círculo acadêmico.

A abertura política foi utilizada pelo jornal *O Globo*, em especial por sua editoria de economia, para mudar a imagem do jornal. A editoria de política do jornal temia a censura e não ousava falar de determinados temas e divulgar notícias consideradas proibidas.

Os jornalistas da área econômica de *O Globo* deram cobertura a temas e notícias que deveriam ser apresentados pela editoria de política. Escreviam de forma dissimulada e adotavam estratégias para criticar o modelo econômico do regime e questionar a política do país. Muitas vezes empregaram análises feitas por estudiosos norte-americanos sobre o Brasil para denunciar a concentração de renda como fator de vulnerabilidade do regime.

As eleições de 1974 foram um importante fator de mudança da imagem do jornal. O empresário brasileiro aderiu ao projeto de abertura do general Geisel que, dentro dos limites estabelecidos, procurou revitalizar o processo eleitoral e ao mesmo tempo liberar a imprensa da censura. O governo acreditava em uma vitória eleitoral e para isso, como mostra o estudo de Cruz e Martins (1983),

> investiu pesadamente nessas eleições, que deveriam desempenhar um papel crucial na efetivação de seu projeto: confirmando nas urnas o apoio popular à "obra da Revolução", o ano seguinte seria dedicado à tarefa de institucionalização do regime, às esperadas reformas. Mas, para que tal acontecesse, essas não poderiam ser eleições como as outras (1970 e 1972), minadas em sua legitimidade pela onipresença da censura e pela violência das medidas de intimidação. Era necessário que a oposição se envolvesse sem reticências no pleito e, dadas as garantias oferecidas, aceitasse de bom grado as evidências da sua futura derrota.

Roberto Marinho, em consonância com o projeto de abertura do governo Geisel, demonstrou preocupação com a linha política do jornal e a ampliação do público leitor. O jornalista José Augusto Ribeiro, editor de política de *O Globo*, ao nos falar desse período, lembra que em 1974, durante a campanha eleitoral, Roberto Marinho chamou sua atenção sobre a posição do jornal, que lhe parecia muito governista, e lhe disse: "*O Globo* apoiou a Revolução e continua a apoiar. Agora *O Globo* tem que ser lido por partidários da revolução e por adversários. Tem leitores que vão votar no MDB e nós não podemos perder esses leitores". A partir desse comentário, J. A. Ribeiro abriu as páginas do jornal para noticiar a campanha do MDB (Ribeiro, entrevista, 22 jul. 1998).

Importantes mudanças foram introduzidas na política econômica e no processo de decisão da área econômica quando o general Geisel assumiu a Presidência. A personalidade do novo ministro da Fazenda, Mário Henrique Simonsen, foi um fator de mudança nas relações entre jornalistas e a área econômica do governo. Ao contrário do período do ministro Delfim Netto, que mantinha um eficiente controle sobre a informação baseado na força e no poder que o regime lhe conferia, Simonsen, como ministro, afirmava que "criticar política econômica não é contestação" (*O Estado de S. Paulo*, 13 fev. 1975). Simonsen contestava informações divulgadas na imprensa, mas os jornalistas não se sentiam ameaçados, não sentiam medo. Delfim Netto despertava medo, ameaçava os jornalistas muito mais pelo poder que detinha do que por suas ações efetivas. No período Geisel, o centro do poder econômico não estava concentrado em um só ministro: repartia-se entre Simonsen e Reis Veloso.

Nesse governo, foi criado o Conselho de Desenvolvimento Econômico (CDE), diretamente subordinado ao presidente da República, órgão que passou a absorver as atribuições que antes estavam sob a responsabilidade do Conselho Monetário Nacional, onde tinham assento representantes dos empresários. No CDE os empresários perderam a possibilidade de participar dessa instância decisória. As modificações introduzidas na política econômica no governo Geisel resultaram em maior centralização do poder no presidente da República e no fortalecimento do setor público, o que provocou reações por parte dos empresários.

Ismar Cardona, ao falar do período em que esteve à frente da editoria de economia, explica a aproximação com os empresários nacionais como uma busca não só de informantes, mas também de parceiros de uma luta política contra a desnacionalização da economia brasileira e contra a centralização do poder. Cardona afirma que no início do governo Geisel o empresariado nacional estava interessado na abertura política, na redemocratização do país, como meio de assumir maior poder na definição de decisões que afetavam a economia.

Esses atores, ao buscar representar seus interesses na esfera política, precisavam de um canal que divulgasse suas demandas e permitisse um apoio mais efetivo na opinião pública. A imprensa foi usada pelos órgãos de representação de classe como um dos meios de aproximação com o público.

Em 1974, *O Globo* ampliou sua atuação lançando o "Panorama Econômico" (10-17 abr. 1974), caderno especial elaborado pela editoria de economia para competir com a "Revista Econômica" do *Jornal do Brasil* (15 abr. 1974). O "Panorama Econômico" era editado uma vez por ano e o primeiro número continha 232 páginas com grandes espaços dedicados à publicidade. Tornou-se rapidamente uma referência para o jornalismo econômico do período: produziu reportagens e debates sobre temas que até então eram considerados da área política e em geral censurados, como o surgimento de novas lideranças sindicais, a reorganização do movimento sindical, a opinião de sociólogos e cientistas sociais com posições contrárias ao regime, a exemplo de Paul Singer, Leôncio Martins Rodrigues, Francisco de Oliveira e outros, que discutiram em suas páginas o novo sindicalismo que surgia e fizeram análises críticas sobre a concentração de renda no Brasil e as desigualdades regionais. Esses temas sofriam a autocensura nos jornais comerciais de maior circulação da região centro-sul do país. Para o primeiro número, George Vidor fez uma entrevista com Juscelino Kubitschek, mas a direção da redação achou que não havia condições políticas para sua publicação. A entrevista só foi publicada após a morte de Kubitschek, em 1976.

O "Panorama Econômico" usou a agenda positiva para trazer ao debate temas identificados como negativos pelo regime, como as análises e reflexões sobre o modelo econômico. Ismar Cardona, ao explicar a forma como orientou o noticiário de *O Globo*, diz ter percebido que, ao discutir de forma apaixonada o que se passava na economia brasileira, podia passar informações necessárias para que o público leitor entendesse e pudesse se tornar crítico do regime (entrevista, 26 set. 2000). O público-alvo do "Panorama Econômico" eram os tomadores de decisão, tecnocratas, empresários e lideranças da sociedade civil.

Nos temas econômicos, *O Globo* se distanciava dos outros jornais, inclusive do *Jornal do Brasil*, que era mais liberal e dava maior cobertura ao mundo dos negócios, aos empresários — ao passo que Cardona imprimia uma linha de jornalismo mais política, dava uma visão política ao noticiário econômico. Uma comparação entre a "Revista Econômica" do *Jornal do Brasil* e o "Panorama Econômico" de 1974 permitiu identificar neste último uma orientação favorável a posições nacionalistas. Por meio de sua editoria de economia, *O Globo* adotou posição contrária aos chamados "contratos de risco" entre a Petrobras e empresas estrangeiras para a prospecção de petróleo na plataforma continental do país. A medida adotada pelo governo do general Geisel, em outubro de 1975, provocou forte reação dos grupos de oposição ao regime militar e em especial dos defensores de posições nacionalistas, que viam nela a perda do monopólio de exploração de petróleo por parte da Petrobras. Dentro do governo, manifestaram-se contra a medida Severo Gomes, ministro da Indústria e Comércio, e Azeredo da Silveira, ministro das Relações Exteriores. O Movimento Democrático Brasileiro (MDB) lançou nota de repúdio aos contratos de risco, e manifestações públicas de protesto se realizaram em vários estados, mas foram logo proibidas pelo ministro da Justiça, Armando Falcão.

A editoria de economia de *O Globo* decidiu ouvir técnicos e políticos contrários aos contratos de risco e promoveu uma mesa-redonda para discutir os prós e contras da medida. Foram ouvidos José Sarney, Franco Montoro, Saturnino Braga, todos contrários a ela. O general Geisel, segundo Cardona, pediu a Roberto Marinho apoio para a medida, mas este não interferiu na orientação que vinha sendo dada ao tema pela editoria de economia.

Outro tema que mobilizou o apoio dos jornalistas econômicos de *O Globo* foi a política de reserva de mercado para a informática. Eles apoiaram as decisões da Secretaria Especial da Informática e a posterior criação da empresa Cobra.

O movimento operário, que tinha sofrido intensa repressão durante o regime militar, voltou a se manifestar com intensidade no segundo semestre de 1977, quando teve início a campanha pela reposição salarial por parte dos sindicatos metalúrgicos da chamada área do ABC Paulista. O movimento se baseou na denúncia de manipulação dos dados oficiais nos anos de 1973 e 1974 para o reajuste salarial dos trabalhadores industriais, feita pelo Departamento Intersindical de Estatística e Estudos Socioeconômicos (Dieese) e reconhecida pelo governo após denúncia do Banco Mundial (Bird). A luta pela reposição salarial teve como consequência a deflagração de greves, lideradas pelo Sindicato dos Metalúrgicos de São Bernardo do Campo, tendo à frente o novo líder sindical Luiz Inácio da Silva, o Lula. A editoria de economia de *O Globo* deu cobertura a todo o movimento de reivindicação; quando eclodiram as greves, o noticiário chegou a ocupar seis páginas do jornal. Foi organizada uma mesa-redonda sobre o tema.

O Globo apresentou críticas ao regime militar e à sua política econômica muito mais contundentes do que as dos outros jornais de grande circulação, exatamente porque era considerado um jornal favorável ao regime, um jornal de direita. Por isso, não despertava a ira dos censores com a mesma intensidade da que se manifestava em relação aos outros jornais. Mas os jornalistas, ao mesmo tempo que forçavam a abertura política, ao apresentar posições contrárias ao regime, ao dar voz aos opositores, apoiavam o governo Geisel naquilo que ele representava de possibilidades de redemocratização do país e defesa das posições nacionalistas. Luís Alberto Bittencourt, jornalista da editoria de economia de *O Globo*, ao falar da posição da imprensa durante o regime militar, afirma que "a imprensa, de certa forma, apoiou o governo Geisel. A imprensa de economia passou a ter com o general Geisel uma relação de admiração, esperando que aquele movimento de abertura pudesse ter continuidade" (entrevista, 5 dez. 2000). Por outro lado, quando se tornaram mais atuantes os setores militares ligados aos órgãos de Segurança, contrários à abertura política e à suspensão da censura à imprensa, o grupo do general Geisel usou a liberalização da imprensa como meio de enfrentar esses grupos mais radicais. Foi nesse período que se tornou comum a divulgação de informações transmitidas por pessoas que ocupavam o centro do poder, como o ministro da Justiça, Armando Falcão, e o chefe do Gabinete Civil do governo Geisel, general Golbery do Couto e Silva, que não podiam ser citados nominalmente como fontes de informação. Foi quando proliferaram as informações privilegiadas "em *off*".

Outro aspecto a ser considerado é que *O Globo* não tinha uma tradição na economia, não tinha estabelecido certos compromissos nessa área, o que facilitou a abertura para uma discussão econômica mais à esquerda.

A forma de tratar o noticiário econômico, a apresentação das questões ligadas aos diversos setores da economia, assumida pela editoria em defesa da empresa e do empresário privado nacional, fez com que o empresário se visse refletido na imprensa e buscasse cada vez mais seu apoio. O mesmo ocorreu com as novas lideranças sindicais, que viram a possibilidade de um espaço aberto para divulgar suas reivindicações.

Conclusão

As editorias de economia, criadas ou reestruturadas durante o regime militar, com a redemocratização do país, continuaram a deter grande prestígio nas redações. A redemocratização no Brasil se deu paralelamente à desilusão política com o socialismo, a desagregação do regime comunista, o desprestígio da ideologia marxista e o fim das utopias de construção de um mundo socialista mais justo e mais igual.

Este é o momento em que velhas formas de engajamento político desaparecem; é o momento de atitudes apolíticas, de recuo dos intelectuais, que não desempenham mais o papel de mediadores ou porta-vozes das ideias de mudança e de revolução. Há uma ascensão dos técnicos, dos *experts*, dos jornalistas, que falam sem paixões. Está nascendo um novo tipo de engajamento, em que o cidadão tem pouco interesse em uma participação institucional, não tem interesse em aderir a um partido ou movimento, de atuar politicamente por meio de expressão artística, literária etc. O engajamento se atomizou e se privatizou.

Os jornais passaram a valorizar os aspectos técnicos, mais profissionais do jornalismo. Alguns jornalistas declararam que os leitores ou telespectadores têm um interesse cada vez maior pelo noticiário jornalístico de forma utilitária; o público se interessa por aquilo que ele pode usar, busca informações que podem lhe trazer algum ganho direto e imediato. Ele tem cada vez menos tempo para se dedicar à leitura de jornais, está cada vez mais seletivo, mais pragmático, utilitário. Por outro lado, houve uma enorme fragmentação de interesses, e o número de assuntos que têm a atenção do público é cada vez maior.

Referências

CRUZ, Sebastião; MARTINS, Carlos Estevam. De Castelo a Figueiredo: uma incursão na pré-história da abertura. In: SORJ, Bernardo; ALMEIDA, Maria Hermínia Tavares (Org.). *Sociedade de política*. São Paulo: Brasiliense, 1983.

DINES, Alberto. *O papel do jornal*: uma releitura. São Paulo: Summus, 1986.

DUVAL, Julien. Concessions et conversions à l'économie: le journalisme économique en France depuis les années 80. *Actes de la Recherche en Sciences Sociales*, n. 131-132, p. 56-75, mar. 2000.

LAFER, Celso. *Sistema político brasileiro*. São Paulo: Perspectiva, 1975.

PERROT, Michelle. La cause du peuple. *Vingtième Siècle*, n. 60, p. 4-13, out./dez. 1998.

PROST, Antoine. Changer le siècle. *Vingtième Siècle*, n. 60, p. 14-26, out./dez. 1988.

SARTRE, Jean-Paul. Présentations. *Temps Modernes*, out. 1945.

____. *Qu'est-ce que la littérature*. Paris: Galllimard, 1948.

VENTURA, Zuenir. A falta de ar. In: GASPARI, Elio; HOLANDA, Heloisa Buarque de; VENTURA, Zuenir. *Cultura em transição*: da repressão à abertura. Rio de Janeiro: Aeroplano, 2000.

Periódicos

O Estado de S. Paulo. São Paulo, 13 fev. 1975.

O Globo. Rio de Janeiro, 10-17 abr. 1974. Panorama Econômico 1974.

Jornal do Brasil. Rio de Janeiro, 15 abr. 1974. Revista Econômica.

Entrevistas

Evandro Carlos de Andrade. Entrevista à autora. Rio de Janeiro, 29 out. 1997.

Ismar Cardona. Entrevista à autora. Brasília, 26 set. 2000.

José Augusto Ribeiro. Entrevista à autora. Rio de Janeiro, FGV/ CPDOC 22 jul. 1998.

Luís Alberto Bittencourt. Entrevista à autora. Rio de Janeiro, FGV/CPDOC, 5 dez. 2000.

8 OS JORNALISTAS BRASILEIROS NA TRANSIÇÃO PARA A DEMOCRACIA*

Ao longo das últimas duas décadas, transformações de grande envergadura ocorreram na imprensa brasileira. Foram realizados vultosos investimentos em equipamentos, introduziram-se novas técnicas, houve mudanças na estrutura empresarial e na gestão administrativa, ocorreu uma grande concentração dos veículos de comunicação e deu-se o alargamento e diversificação do público consumidor, que agora tem dimensões nacionais.

Os jornalistas tiveram de se adaptar aos novos tempos econômicos, políticos, sociais e culturais. Vinham trabalhando, desde 1964, sob um regime militar autoritário que censurava os meios de comunicação, reprimia atividades políticas e impedia manifestações de ideias contrárias ao governo. Assim, precisaram fazer a transição para o regime democrático, iniciada com a escolha do primeiro presidente civil em 1985, e experimentar a liberdade de pensar e se expressar.

* Parte deste texto foi apresentada no XXII Congresso de la Asociación Latino-americana de Sociologia (Alas). Concepción (Chile), 12-16 de outubro de 1999.

Neste texto, analisamos o comportamento dos jornalistas que ocupam hoje posições estratégicas na mídia, com o objetivo de entender sua forma de exercer a profissão e a percepção que eles têm de seu papel e responsabilidade social. A recuperação da trajetória de vida desses atores pode nos ajudar a identificar como eles se comportaram e que estratégias empregaram para que determinadas políticas pudessem emergir na fase de transição e consolidação do regime democrático. Avaliamos os jornalistas como um grupo envolvido na ação política e com poder real de influência na transição do regime.

Analisamos a mídia como uma unidade de contestação pública, como um indicativo da opinião da sociedade, em especial da elite dirigente, da elite empresarial e da classe média. O termo "contestação pública" é aqui utilizado no sentido dado por Robert Dahl (1997): refere-se à ação de contestar, discutir, disputar, desafiar ou competir. Ao observarmos a mídia e os jornalistas como uma unidade de contestação pública, consideramos o processo histórico das duas últimas décadas sob dois aspectos relevantes: a sequência específica de transformações da unidade mídia; a maneira como se forjou a nova unidade.

Para entender a sequência de transformações a partir de 1970 e explicar os momentos significativos de mudança, é fundamental começar pela década de 1960. Até então, eram o rádio e a imprensa escrita que detinham o monopólio da informação. Os jornais de grande circulação eram vespertinos e eram poucos, centralizados no Rio de Janeiro e em São Paulo, o que constitui um claro indicativo da concentração da atividade econômica nesses estados e de sua importância política. Os deficientes sistemas de correio e telégrafos, de ferrovias, de rodovias, de linhas aéreas, enfim, de meios de transportes, foram elementos que impediram uma expansão rápida da comunicação no território nacional, de dimensões continentais.

A imprensa, que até os anos 1950 dependia dos favores do Estado, dos pequenos anúncios populares ou domésticos e da publicidade das lojas comerciais, teve essa situação alterada devido a uma maior diversificação da atividade produtiva quando a indústria passou a produzir bens duráveis e bens de capital (material elétrico, de transporte etc.). Começaram então os grandes investimentos em publicidade e teve início no país a implantação de grandes agências nacionais e estrangeiras. Os anúncios se diversificaram, passando a cobrir automóveis, eletrodomésticos, produtos alimentícios e agrícolas.

Os jornais passaram a obter 80% de sua receita dos anúncios, e a unidade de medida do crescimento, assim como dos outros veículos de comunicação, deixou de ser a notícia apoiada nos classificados para ser a publicidade. A ocupação do espaço com publicidade passou a ser administrada por uma tabela de preços calculada em centímetros de coluna ou em frações de tempo no rádio e na televisão (Bahia, 1990).

O regime militar e a modernização da mídia brasileira (1964-85)

O regime militar instaurado em 1964 deve ser tomado como um ponto de inflexão, tanto no nível político quanto no econômico, no que se refere aos meios de comunicação. Na política, teve início um regime de repressão, censura, prisões. É importante lembrar que os militares, para chegar ao poder em 1964, precisaram conquistar o apoio da imprensa a fim de mobilizar o sentimento civil a seu favor. Eles contaram com o beneplácito da imprensa de maior circulação e prestígio no país, e poucos foram os jornais que se opuseram à derrubada do regime constitucional. Na economia, durante os anos de repressão assistiu-se à verticalização da indústria, à reorganização da economia e ao processo intenso de internacionalização do capital. Os militares censuravam a imprensa, interferiam no conteúdo da informação e, por outro lado, canalizavam para esse setor grande massa de recursos por meio da publicidade.

A política de modernização das telecomunicações deu-se por intermédio da colaboração entre o Estado e os grupos econômicos privados. A criação da Empresa Brasileira de Telecomunicações (Embratel)[1] pode ser vista como o símbolo dessa política. A empresa foi criada em setembro de 1965 e iniciou a instalação da rede básica de telecomunicações, implantando o sistema de micro-ondas em visibilidade e o sistema de micro-ondas em tropodifusão na Amazônia. Em 1965 foi também criado o Ministério das Comunicações. Finalmente, em 1972, foi criada a Telecomunicações Brasileiras S/A (Telebras), empresa pública federal responsável pela coordenação dos serviços de telecomunicações em todo o território nacional.

A criação da Embratel, com o plano de estações repetidoras e canais de micro-ondas, viabilizou a consolidação das redes de televisão no Brasil. Desse modo, entre 1968 e 1973, enquanto a economia crescia a uma taxa média de 11%, o setor de equipamentos eletrônicos crescia a uma taxa de 20%. O Brasil entrou na era da televisão em 1950, mas foi a partir da década de 1970 que a TV se tornou o veículo de comunicação de massa. Hoje, a média nacional de domicílios com aparelhos de televisão é de 94% (no Rio de Janeiro, 96,6%), o que significa a existência de mais de 40 milhões de aparelhos no país (*O Globo*, 5 dez. 1998). O Brasil dispõe de 2.800 estações de rádio AM e FM. Mas foi a televisão que trouxe as maiores alterações culturais nas últimas décadas, influenciando comportamentos, afetando a fala, o vocabulário e documentando os principais acontecimentos do país.

[1] A Embratel opera todos os serviços telefônicos de longa distância, internacionais e interestaduais, e mais de 40 outros serviços de telecomunicações, como transmissão de dados, telegrafia, telex, videotexto, imagem, som e telefonia móvel celular.

A modernização dos meios de comunicação, para os militares, era parte de uma estratégia política, ligada à ideologia da segurança nacional. A implantação de um sistema de informação capaz de "integrar" o país incluía-se em um projeto em que o Estado era entendido como o centro irradiador de todas as atividades fundamentais em termos políticos. Para a concretização desse projeto, os militares estimularam a formação de vastas redes, o que exigia grandes investimentos. Foi nesse período que se deu a formação dos oligopólios da informação com recursos obtidos no governo.

Nesses anos de regime militar, a imprensa, o rádio e a televisão já dependiam fundamentalmente da publicidade para sobreviver e os maiores anunciantes eram os órgãos estatais. É importante lembrar que a televisão e o rádio são canais de propriedade estatal concedidos à exploração privada. Não é o caso da imprensa escrita.

A imprensa escrita, entre 1970 e 1990, passou também por profundas transformações quanto à maneira de construir a notícia e de divulgá-la. Embora a tecnologia não deva ser considerada o único agente de transformações, foi seguramente um dos instrumentos que determinaram uma série de mudanças ocorridas em cadeia nas empresas jornalísticas. A passagem do sistema de impressão do jornal, da composição a quente (linotipia) para a composição a frio ou eletrônica, exigiu uma mudança na estrutura e na organização empresarial, determinando a implantação de novas áreas industriais e administrativas nas empresas. Essas mudanças técnicas se deram no âmbito internacional e visavam sempre baratear os altos custos operacionais da empresa jornalística. Por outro lado, os investimentos em novos equipamentos exigiam maior rentabilidade, fazendo com que os empresários buscassem aumentar a venda do espaço publicitário, que passou a ter um peso maior do que a própria circulação do jornal.

A informática acelerou o tempo de coleta de informações e de produção do jornal. As novas técnicas trouxeram um melhor desempenho para a comercialização e a distribuição. O *marketing* se tornou um dos elementos indispensáveis para articular todas essas mudanças, e sua introdução, por si só, já foi uma grande revolução nas empresas jornalísticas. Seu objetivo é ampliar a difusão do jornal e aumentar os recursos financeiros provenientes da publicidade. Para alcançar esses objetivos, tornam-se indispensáveis pesquisas de mercado com os leitores, ouvintes ou telespectadores, reais ou potenciais, e com as empresas de publicidade.

O controle rígido do horário de saída dos jornais, conduzindo ao fechamento das redações com até seis horas de antecedência, fez com que a circulação se tornasse regular e estimulou a venda e o aumento da publicidade.

Essas mudanças só se tornaram possíveis com a introdução de novas técnicas organizacionais e métodos racionais de gestão. A complexidade das novas tarefas provocou a renovação na direção empresarial e nas redações. Os jornalistas tiveram de assumir novos papéis, novas funções. As empresas de jornais, revistas, rádio ou televisão passaram a exigir do jornalista que ele dominasse uma língua estrangeira, que conhecesse os vários programas de computador utilizados na redação. As chefias são atualmente as que estão passando por mudanças mais radicais. Os chefes estão assumindo tarefas antes executadas por não jornalistas, como as de administradores de orçamento e de recursos humanos. As várias editorias são chamadas a fazer orçamentos anuais e a observar a relação custo-benefício de qualquer ato que provoque gastos.

Até os anos 1960, a maioria dos jornais de grande circulação era de propriedade familiar e administrada pelo dono. Nas décadas de 1970-80, o poder adquiriu outra dimensão: não está mais na mão de um só dono, é exercido por um número maior de membros da família, quem dirige são os membros da segunda geração. Os novos gestores são homens que administram conglomerados que incluem diversos setores empresariais, como hotéis, empreendimentos turísticos e empresas distribuidoras de publicações. Os proprietários dos meios de comunicação se tornaram homens de organização submetidos à racionalidade da empresa, a determinações profissionais de variadas especializações (economistas, administradores, engenheiros de produção, engenheiros de informática), a conselhos de administração, a comitês de diretoria e a coordenações.

Jornalistas: de românticos a profissionais

Como os jornalistas atravessaram o período do regime militar e atuaram na passagem para a democracia? Que papel desempenharam e desempenham em todo esse processo? O fio condutor de nossa análise é a observação da mudança no perfil dos jornalistas que ocupam hoje posições de maior poder e prestígio nos jornais de maior circulação do Rio de Janeiro, em São Paulo e em Brasília, em comparação com aqueles que ocupavam essas posições até os anos 1970.

Ao trabalharmos com o discurso dos jornalistas sobre o processo de mudanças ocorrido nas últimas décadas na imprensa e no jornalismo brasileiro, um tema apareceu com frequência: o jornalista é visto hoje como profissional e pragmático, em oposição ao jornalista romântico e boêmio do passado. "Profissionalismo" e "romantismo" são palavras utilizadas tanto pelos jovens quanto pelos mais velhos, e a oposição parece ter o significado de que antes (até a década de 1970) os jornalistas tinham um envolvimento político e ideológico claro, agiam em função de determinados valores e utopias, o que não ocorre mais. Hoje a profissão teria perdido seu caráter romântico e ideológico porque, no dizer de um dos jornalistas que ouvimos, com o fim da bipolaridade direita/esquerda, capitalismo/socialismo, com o fim das utopias, com a visão pragmática de mercado e a predominância do sistema neoliberal e suas consequências, mudou a forma de o jornalista lidar com os fatos, pensá-los e praticar cotidianamente sua atividade.

É certo que as mudanças que ocorreram na estrutura da imprensa a partir, sobretudo, dos anos 1970 criaram condições para a entrada em cena de um novo tipo de jornalista: o profissional munido de uma formação específica, portador de um diploma de curso superior de jornalismo. A exigência do diploma surgiu em 1969, durante o regime militar, quando se regulamentou a profissão e se definiu uma área de trabalho a ser exercida apenas por pessoas portadoras de um atestado de formação específica para a profissão.[2] Com a instituição do monopólio das oportunidades de trabalho na área de comunicação, instituíram-se também os princípios de classificação social baseados no mérito da ocupação (Barboza, 1998:129-142). A partir de então, pode-se dizer que os indicadores formais de verificação do grau de profissionalização estavam preenchidos: a uma associação preexistente (Associação Brasileira de Imprensa) somaram-se regras de conduta codificadas e a exigência de uma formação específica que permitia controlar o acesso à profissão.

A profissionalização veio como exigência da ampliação das demandas do mercado, com o crescimento dos meios de comunicação de massa e a implantação da grande indústria cultural. Nesse momento, surgiram as lógicas da diferenciação social, quando os membros do grupo que atuavam visando à organização do espaço do trabalho buscam limitar a concorrência por meio do estabelecimento de fronteiras, regularizando a profissão. A ela só terão acesso agora aqueles que possuem formação especializada, obtida nas faculdades de jornalismo ou de comunicação.

Quando se fala da profissionalização de hoje em oposição ao romantismo de ontem, parece que se quer estabelecer uma dis-

---

[2] O decreto que estabeleceu como obrigatório o diploma ou certificado de habilitação expedido por escola de jornalismo permitiu que os jornalistas que até a data de edição do decreto estavam filiados à Associação Brasileira de Imprensa ou entidades congêneres, ou que exerciam a profissão há mais de dois anos, pudessem continuar a exercer a profissão sem o diploma de jornalismo.

tinção entre o perfil do jornalista que ocupava as redações até o final dos anos 1960 e o perfil dominante na atualidade. Essa distinção pode ser percebida a partir dos depoimentos que colhemos. Identificamos, *grosso modo*, duas gerações que se cruzam nas redações.

Dos 41 jornalistas entrevistados, 29,3% (12) pertenciam à geração nascida nas décadas 1920-30, e 70,7% (29), à geração dos anos 1940-50. Os jornalistas que ocupam hoje as posições de maior poder e prestígio nas redações, os que têm cargos de direção, pertencem à geração mais jovem, ou seja, os nascidos no pós-guerra. Essa geração iniciou a vida profissional durante o regime militar e foi atingida em sua trajetória por uma conjuntura que suprimiu todas as liberdades democráticas. Seu aprendizado profissional foi feito sob a censura dos meios de comunicação. Os mais velhos são hoje colunistas de prestígio, ou ocupam cargo especial nas empresas, mas não detêm cargo ou posição de direção nas redações. Muitos ocuparam esses cargos até os anos 1970. É verdade que encontramos dois jornalistas nascidos nos anos 1930 que ocupam posições de chefia e de direção.

Ao contrário da geração mais jovem, os nascidos nos anos 1920-30 iniciaram a vida profissional quando o país vivia em pleno regime democrático, quando havia liberdade de imprensa. Mas, durante o regime militar, praticamente todos os jornais de maior circulação no país aceitaram as medidas restritivas à liberdade de imprensa. Nessa conjuntura, alguns jornalistas foram perseguidos e presos, e tiveram de abandonar as redações; mas um grande número se submeteu às regras impostas pela censura, pois entendeu que essa era a única forma de preservar a sobrevivência da imprensa. Muitos desses jornalistas tentaram, e algumas vezes conseguiram, denunciar as arbitrariedades do regime usando estratégias para burlar as ordens militares. Essas atitudes de desobediência levaram ao afastamento ou à demissão de vários deles, por imposição dos militares. Os que conseguiram uma reinserção no jornalismo o fizeram em geral como colunistas; não mais voltaram aos postos de chefia que detinham até então.

Concentramos nossa análise nessas duas gerações porque estamos interessados em trabalhar com aqueles que têm o poder de definir orientações. Entretanto, no interior das redações coabitam diversas gerações que ocupam diferentes posições na hierarquia.

Essas duas gerações se distanciam quando analisamos as imagens que elas próprias têm de seu papel social. Os mais velhos, os "românticos", se identificam como mediadores entre a sociedade global e o indivíduo, entre a população e o poder público. Percebem seu papel como o de guias, que ajudam a educar os leitores. Nesse caso, o jornalista não se vê como uma simples caixa de ressonância, mas como um intérprete da sociedade, como um servidor público. Seu papel é formar a opinião pública. O jornalismo está voltado para a defesa de determinadas causas, para bandeiras políticas; é uma missão. As tarefas que eles se atribuem devem ser entendidas como um ideal que tentaram transformar em práticas profissionais. O jornalismo missionário continua sendo, para essa geração, o horizonte da profissão, o que em parte vai conduzir a uma visão crítica do jornalismo de hoje, visto como de má qualidade, decadente e degradado.

Os mais jovens, os nascidos nas décadas de 1940-50, ao iniciar a carreira nos anos 1960, ainda viam o jornalismo como uma forma de pensar o país; outros, como uma forma de atuação revolucionária. Um dos jornalistas que ouvimos nos disse:

> Achávamos que o jornalismo era uma missão; informar era ajudar a transformar a sociedade, era um exercício democrático. Estava ligado com a ideologia que nós tínhamos. Passar ao povo as informações, denunciar as arbitrariedades, os escândalos, isso tinha uma chama de transformação. Hoje ser jornalista é uma profissão como outra qualquer, como advogado, médico, dentista. Não sei se isso é bom. Tem o lado bom, sem dúvida, esse lado profissional.

Mas hoje essa geração mais jovem mudou de perspectiva, defende que o jornalista deve ser um profissional a serviço da informação. Ele é um produtor e um difusor da informação, aquele que deve relatar o que está ocorrendo para que a população tenha elementos para tomar posições, fazer julgamentos. Essa geração considera que seu papel é o de testemunho da história, é o de relator da história de seu tempo. E para os jornalistas mais jovens o desempenho desse papel exige que eles tenham o controle da técnica da informação.

Por outro lado, se o jornalista se tornou mais profissional, ele trabalha com menos paixão. Antes, as redações eram por excelência um lugar de paixões, de apaixonados pela profissão. Os anos 1960 são lembrados, principalmente pelos mais velhos, como "o momento de ouro do jornalismo". Havia nesse período um debate intenso sobre a imprensa, o jornalismo e o futuro dos meios de comunicação, exatamente quando se anunciavam grandes mudanças. Hoje, há uma relação fria com a profissão, mais distante. Durante o regime militar, essa paixão era mais exacerbada porque os jornalistas se viam compelidos a tomar posições políticas diante da conjuntura adversa à liberdade de pensamento e de expressão. Além disso, havia uma divisão ideológica no mundo muito clara, o que favorecia as pessoas a tomar posição por uma ou outra ideologia. Hoje, como nos diz um dos jovens jornalistas de Brasília, "o que predomina é um certo operacionalismo; as pessoas têm posição, opinião, mas não se apaixonam".[3]

Outra característica dessa geração mais jovem é que ela é formada por um número significativo de ex-integrantes de partidos ou movimentos de esquerda, como o Partido Comunista Brasileiro (PCB), movimentos católicos de esquerda e movimentos revo-

[3] Franklin Martins. Nasceu em 1948, filho de pai jornalista e político. Tem curso incompleto de economia e curso de ciências sociais na França. Iniciou a vida profissional em 1964. Quando foi entrevistado, era chefe da sucursal do jornal *O Globo* em Brasília. Entrevista à autora. Brasília, 7 ago. 1997.

lucionários de guerrilha. Esses profissionais, que nas décadas de 1960-70 eram politicamente radicais, hoje, como nos disse um dos entrevistados, são "céticos ou cínicos".

Para entender as atitudes e os sistemas de valores desse grupo, e as estratégias que utilizam para ascender socialmente, consideramos que a passagem de uma geração a outra fornece elementos para a análise da mudança social e das interações sociais. O conceito de geração presente nos estudos de Karl Mannheim (1990) permite entender a mudança social, abre caminho para um melhor conhecimento da história e ajuda a reconstituir os momentos de rápida transformação em uma dada sociedade. A existência efetiva de uma geração passa por alterações que determinam a produção de vínculos criativos entre cada geração. Tal processo leva ao surgimento de novos grupos de idade, ao seu contato com o novo e com a herança cultural acumulada.

A busca por explicação para as mudanças ocorridas na passagem de uma geração a outra na imprensa brasileira deve levar em conta não só as inovações tecnológicas e gerenciais, mas principalmente a concorrência e a competição, que se tornaram mais agudas, exigindo um novo perfil para os que trabalham com a informação.

No passado, as redações eram um espaço de prestígio intelectual. Os mais conhecidos e prestigiados escritores, críticos literários e de arte brasileiros foram homens de imprensa. Muitos deles se identificavam profissionalmente como jornalistas; outros, embora escrevendo diariamente nos jornais, não poderiam ser assim considerados. Os editoriais, espaço reservado para o jornal expressar sua posição política, eram pensados e formulados pelos jornalistas/intelectuais. As redações contavam com jornalistas que não só analisavam e comentavam os acontecimentos políticos, como se viam no papel de indicar alternativas para as mais variadas questões. Os jornalistas podiam ter e tinham opinião. Os editoriais eram o espaço privilegiado para a defesa das posições partidárias e ideológicas. Hoje, os editoriais perderam a importância; são destinados a uma faixa específica de leitores que veem neles uma fonte de orientação sobre determinados assuntos. A perda de importância do editorial pode significar que a imprensa se tornou menos militante e menos partidária. Ela é mais plural, deixou de ser opinativa, é menos adjetivada, é mais crítica. Na medida em que são menos partidários, os jornais cada vez se diferenciam menos. Os manuais de redação foram em parte o instrumento para impor a padronização, tanto na forma de construir a notícia quanto na de elaborar o texto. Até os anos 1970, o mercado era ocupado por um grande número de jornais de diferentes orientações partidárias, e o público leitor desses jornais era eleitor de diferentes partidos. Vários jornais que tinham sido criados nos anos 1920-30 deixaram de existir nessa década. Hoje, os grandes jornais do Rio de Janeiro e de São Paulo estão disputando o leitor do centro, e, para isso, não importa o que diz o editorial, e sim a cobertura das notícias. É claro que isso não quer dizer que a cobertura das notícias seja isenta e que o jornal não tome posição.

A profissionalização foi afastando da imprensa o escritor, o intelectual. Eles agora podem colaborar como cronistas ou colunistas, eventualmente assinar artigos, mas não integram mais as redações. Muitos jornalistas da geração dos anos 1920-30 que foram ouvidos em nossa pesquisa consideram o jornalismo uma forma literária, que como tal deve ser cultivada. Para essa geração, a grande perda do jornalismo da atualidade foi o texto, que se tornou, no dizer de alguns, "muito tosco". Os jornais teriam perdido a qualidade, entre outras razões, porque a forma de apresentar a notícia é muito pobre e o texto é muito mal escrito.

A profissionalização determinou ainda outras perdas. Antes, os jornalistas eram mal remunerados, mas tinham vantagens: não pagavam imposto de renda nem imposto de transmissão patrimonial, tinham direito a preços reduzidos nas passagens aéreas etc. O regime militar extinguiu essas vantagens.

É importante ressaltar que a interpenetração entre o meio jornalístico e o meio intelectual sempre existiu e continua a existir, ocorrendo muitas vezes uma superposição de papéis que ora torna mais visível o papel de um, ora o de outro. Hoje, no debate público sobre as questões de interesse da população, os jornalistas se identificam com frequência com os *experts*, com os economistas, transmitindo o parecer, o conhecimento específico dos técnicos que ocupam os altos escalões da administração pública e privada.

O que na verdade ocorreu na imprensa foi o que se deu na sociedade — o silêncio do intelectual que formula princípios, ou ideias básicas para a orientação da sociedade, e a imposição da voz do técnico, do *expert*. No debate sobre a função dos intelectuais e a relação entre política e cultura, Norberto Bobbio (1997:72) procura mostrar que caiu em descrédito o intelectual engajado politicamente, o utopista, que "gostaria de mudar o mundo à sua imagem e semelhança. Passou a ter mais crédito o intelectual com os pés na terra, que aconselha o político a dar um passo de cada vez". A derrocada da utopia comunista anunciou a morte do intelectual idealista e fez nascer o intelectual realista. Bobbio retoma a distinção weberiana entre ações racionais segundo o valor (a dos intelectuais) e ações racionais segundo o fim (a dos *experts*). Os intelectuais são aqueles que elaboram princípios que são determinados pela crença consciente nos valores, que são acolhidos como guias da ação; os *experts* são aqueles que, indicando os conhecimentos mais adequados para alcançar determinado fim, fazem com que a ação que a ele se conforma possa ser chamada de racional segundo o objetivo.

O critério para estabelecer a distinção entre os dois tipos de intelectuais, o que distingue um do outro, deve ser, segundo Bobbio, a "diversa tarefa que desempenham como criadores ou transformadores de ideias ou conhecimentos politicamente relevantes, a diversa função que são chamados a desempenhar no contexto político". Assim, por ideólogos ele entende aqueles que fornecem princípios-guia e por *experts* aqueles que fornecem conhecimentos-meio.

O jornalista hoje não só dá voz ao *expert*, como também se especializou, se transformou em um *expert*. Existem na imprensa espaços abertos para numerosas áreas que pedem tipos de competência específica, às vezes muito especializadas: problemas sociais, econômicos, financeiros, de ciência e técnica, atividades culturais. Os jornalistas estão sendo obrigados a investir cada vez mais numa formação especializada.

Os dados que obtivemos em nossa pesquisa indicam que houve um expressivo crescimento de diplomados em cursos universitários: 48,3% (14) dos jornalistas por nós entrevistados da geração nascida nos anos 1940-50 concluíram o curso universitário de jornalismo; 6,9% (2), de direito; 20,7% (6), de ciências humanas (história, sociologia); 3,4% (1), curso técnico. Por outro lado, 17,2% (5) de jornalistas que iniciaram o curso universitário (direito, história, economia) não o concluíram. Somente um jornalista não terminou sequer o curso secundário. Dos jornalistas pertencentes à geração nascida nos anos 1920-30 que têm formação superior, 41,6% frequentaram o curso de direito, somente 8,3% fizeram o de jornalismo e 16% terminaram o de letras. Por outro lado, 16,7% não concluíram o curso de direito e 16,7% não têm o curso secundário.

As mulheres, raras nas redações até os anos 1960, hoje representam em torno de 35% do total de profissionais.[4] Do grupo analisado em nossa pesquisa, 90% nasceram na década de 1950 e todas têm curso universitário: 77% concluíram o curso de jornalismo, e 23%, o de história. A entrada tardia nas redações e a forte competição obrigaram as mulheres a uma maior formação escolar formal.

---

[4] Dados levantados nas redações dos jornais: *O Globo*, *Jornal do Brasil*, *O Dia*, *Folha de S.Paulo* e revista *Veja*.

Mudou também a forma de o jornalista se inserir na empresa. Durante o regime militar, a profissão se tornou bem remunerada, já que política virou um tema perigoso e, na época do chamado "milagre econômico", as editorias de economia adquiriram enorme importância e prestígio. A economia e os economistas passaram a ter o papel e o espaço que antes eram dados à política e aos políticos. Os jornalistas dessas editorias foram levados a fazer uma opção por uma empresa, a trabalhar em tempo integral em uma só redação. Isso pouco a pouco se estendeu a todos os outros setores jornalísticos. O chefe de redação de um dos jornais de maior circulação do Rio de Janeiro lembra que, quando ele começou a trabalhar em jornal, em 1968,

> jornalista era uma profissão muito mal paga e as pessoas tinham vários empregos, quase sempre empregos públicos. O jornal era mais um "bico", era uma coisa meio boêmia, uma profissão intelectual. O jornalista também não achava que tinha que ganhar muito no jornal, porque ali era o lugar onde ele servia à sociedade, se divertia e desempenhava um papel social.[5]

O novo modelo de jornalismo: o *marketing*

A introdução do *marketing* em todas as empresas e as pesquisas de mercado a ele associadas vieram tentar adequar o jornal, visto como "produto", ao público consumidor (leitor, ouvinte ou telespectador) e à publicidade. A partir das características do público, de suas expectativas, de seus gostos e valores, as empresas definem o conteúdo, a forma de apresentação e a linguagem do produto

---

[5] Merval Pereira. Nasceu em 1949, filho de médico. Não concluiu a Faculdade de Direito. Iniciou a carreira no jornalismo em 1968. Quando foi entrevistado, era diretor de redação do jornal *O Globo*. Entrevista à autora. Rio de janeiro, 22 ago. 1997.

que será apresentado. Essa nova concepção e esse novo método de apresentar a notícia e a informação obrigaram o jornalista a modificar a forma de elaborar o texto, que em alguns casos se tornou mais curto, a escolher títulos sintéticos, a estabelecer uma relação entre texto e imagem, a diagramar sua matéria de acordo com determinadas orientações; ou seja, criaram uma relação estreita entre a redação e as exigências da publicidade. Ao mesmo tempo, as empresas de publicidade procuraram induzir as empresas jornalísticas a se tornar meios de divulgação mais atraentes e sedutores, pois elas são o suporte para a maior e melhor venda de um produto qualquer. Praticamente, todos os jornais de grande circulação nacional passaram a utilizar a cor, o que os obrigou a melhorar a qualidade do papel.

Tais foram as estratégias desenvolvidas pelas empresas de comunicação em sintonia com a publicidade, mas essas transformações radicais foram absorvidas diferentemente pelos jornalistas em função da posição que ocupam na hierarquia das redações. Para os que estão hoje nas funções de direção e chefia, há uma integração à nova concepção e uma imagem positiva na forma de o jornal se relacionar com o público. A importância da distinção entre grupos geracionais aparece aqui com maior evidência. Para o diretor de redação da *Folha de S.Paulo*, Otávio Frias Filho,[6] o sucesso de sua empresa deve ser atribuído, em grande parte, ao fato de o jornal ser "mais permeável à mudança" e ter conseguido "identificar tendências, comportamentos e modas, de que se apropriou". Praticamente, todos os jornais de maior circulação no Rio de Janeiro, em São Paulo e em Brasília utilizam o recurso da pesquisa com o leitor, procurando definir em profundidade suas características do ponto de vista socioeconômico, cultural e políti-

[6] Otávio Frias Filho. Nasceu em 1957, filho do proprietário do jornal. Fez curso de direito e mestrado em ciências sociais. Iniciou a carreira profissional em 1975. É diretor de redação da *Folha de S.Paulo*. Entrevista à autora. São Paulo, 8 dez. 1997.

co, e também sua relação com o jornal. Alguns jornais fazem essa pesquisa a cada dois anos. Outro tipo de pesquisa é a que acompanha diariamente a reação dos assinantes e visa aferir a ressonância e o desempenho do jornal no leitor.

Esses instrumentos de avaliação se tornaram fundamentais na era da competição e permitem a introdução de inovações, alterações na forma de apresentar a notícia e conhecer os assuntos que despertam mais interesse no leitor. Otávio Frias Filho mostra como a pesquisa com o leitor vem permitindo o sucesso do jornal. Ela propiciou, a partir de 1984, quando teve início sua utilização, a ampliação das colunas no jornal, o aumento dos cadernos, a adoção com maior intensidade e de forma ostensiva de recursos gráficos, tabelas, quadros e mapas. Certos procedimentos mais tradicionais de reportagem foram revalorizados. Foi criado um padrão de texto muito impessoal, muito seco, muito descritivo, muito rigoroso, no sentido de não admitir juízo de valor. Evidentemente, essas observações sobre o texto se referem à parte noticiosa do jornal, e não aos artigos assinados.

No novo modelo de jornalismo, o leitor é visto como cliente, e o mercado se torna um instrumento importante no momento de criar um novo produto que deve estar em sintonia com esse leitor. No jornalismo tradicional, o jornalista escreve acreditando que sabe o que o leitor quer ler, ouvir ou ver. Hoje, cada vez mais, é a pesquisa de mercado o instrumento de aferição das necessidades do leitor.

Ao mesmo tempo, a combinação da competição que o mercado impõe com a escassez de recursos das empresas leva à busca de ampliação do público leitor entre as camadas mais pobres da população, que constituem a grande massa. Aqui, o papel do *marketing* é definir as expectativas e os gostos do leitor. Para o jornalista Roberto Müller,[7] a imprensa é obrigada a fazer concessões ao mau

---

[7] Roberto Müller Filho. Nasceu em 1941, filho de pai comerciante de joias. Fez curso técnico de química. Iniciou a carreira como jornalista em 1964. Tem grande prestígio como jornalista de economia, foi um dos reformuladores da

gosto e à vulgaridade. Daí a exploração dos escândalos, a apresentação de histórias dramáticas, o grande destaque para crimes e acidentes.

Ao responder à guerra pela circulação, pela conquista do leitor, o novo modelo levou à introdução de recursos não jornalísticos na imprensa, como fascículos, brindes, sorteios. Aumentou também o número de suplementos temáticos dirigidos a segmentos sociais específicos (jovens, mulheres) e ampliou os cadernos dedicados a assuntos como informática, saúde etc. Apareceram com frequência números especiais dedicados a eventos ou instituições, com vistas a atrair publicidade. O público se beneficiou com um maior espaço dado às páginas de opinião, às seções de cartas do leitor, de reclamações e de serviços. Em alguns jornais, foi adotada a figura do *ombudsman*, tradicional nos países nórdicos europeus e cuja função é criticar o jornal e defender os leitores. A *Folha de S.Paulo* foi a introdutora dessa atividade na imprensa brasileira, em 1989. O *ombudsman* atende os leitores, ouve suas críticas e sugestões e as encaminha à redação. Prepara, por escrito, uma crítica, que circula internamente, apontando os erros cometidos pelo jornal: ortográficos, de informação e de edição.

Agradar ao leitor, porém, tem limites: ao tentar satisfazer os gostos do público, o jornal pode baixar a qualidade da informação e contribuir para a permanência de determinadas tendências e valores da sociedade. Os jornalistas consideram que as pesquisas e o *marketing* nas empresas fazem parte da nova imprensa, mas acham que não podem se orientar única e exclusivamente pelo gosto imediato do leitor. Ricardo Noblat,[8] que dirige a redação do *Correio Braziliense*, diz que o jornal "pode e deve usar recursos de *marketing*

Gazeta Mercantil. Quando foi entrevistado, era diretor de redação da *Gazeta de Vitória* (ES). Entrevista à autora. Vitória, 27 ago. 1998.

[8] Ricardo Noblat. Nasceu em 1949, filho de professor universitário. Fez curso de jornalismo. Iniciou a carreira de jornalista em 1967. Quando foi entrevistado, era diretor de redação do *Correio Braziliense*. Entrevista à autora. Brasília, 7 ago. 1997.

que são aplicados a outros produtos; não é possível editar hoje um jornal com base apenas na experiência, na intuição, no faro". Entretanto, ao analisar os resultados das pesquisas diárias feitas entre seus assinantes, ele constata que, mesmo entre os assinantes, que seriam em tese pessoas mais qualificadas, com maior poder aquisitivo, as notícias relativas a "polícia", ou seja, crimes, acidentes etc., têm grande índice de leitura. Isso não significa, para esse jornalista, que se deva colocar o noticiário de "polícia" na primeira página nem exagerar nesse tipo de noticiário.

Muitos jovens jornalistas chamam a atenção para o fato de que, sem o *marketing*, sem a preocupação com o lado comercial e sem a participação de todos nessa busca por vender mais, o jornal desaparecerá. Alguns consideram que fazer um bom jornal — que não vende porque a empresa e os jornalistas não têm uma visão de seu público ou porque não se preocupam com a gestão interna da empresa — é ficar de costas para o mercado, não acompanhar as mudanças.

Essas posições apareceram com clareza durante o Congresso Brasileiro de Jornais (1977), do qual participaram 70 jornais. Um dos temas de destaque nos debates foi a importância de uma aproximação cada vez maior com os leitores, "como um instrumento para determinar a linha a ser seguida nas próximas edições". Essa foi a visão transmitida pelos diretores e chefes de redação dos jornais de maior circulação no país (*O Globo*, 17 ago. 1977).

O jornalismo está perdendo espaço dentro das empresas para as áreas comerciais, de *marketing* e de distribuição. As pesquisas de mercado situaram os leitores, ouvintes e telespectadores no centro da comunicação, o que determinou uma perda de poder dos jornalistas, transformando-os em atores coadjuvantes. Os jornalistas, que até pouco tempo atrás podiam ser considerados os detentores do poder de informar, hoje estão cada vez mais distantes desse papel, que está assegurado pelas pesquisas de mercado. São elas que, por meio da consulta permanente ao público, transmitem a informação sobre o que este pensa, quais seus gostos e preferências. Essas informações é que orientam a posição da mídia e dos políticos.

Em uma análise crítica sobre a audiência e as pesquisas de opinião, Patrick Champagne (1994:22) chama a atenção para a cumplicidade do meio jornalístico na manipulação da chamada opinião pública: "A opinião pública é sem dúvida, hoje, mais manipulada do que nunca. Mas trata-se de uma manipulação coletiva da qual participam todos os agentes do campo político e cujo resultado final, 'objetivamente' avaliado pelos institutos, escapa a cada um dos agentes" (trad. livre). O autor indica como forma de ultrapassar essa questão a necessidade de uma reflexão sobre a noção de opinião pública.

A interação de redação e *marketing* nem sempre ocorre de forma harmoniosa. Na maior parte das empresas, a orientação do *marketing* é trabalhar ao lado da redação, prestar serviços a fim de obter os melhores resultados na apresentação do produto e ganhar a concorrência. Na realidade, as relações são muitas vezes de imposição de determinadas regras por parte do lado comercial, provocando situações tensas e mesmo conflituosas. O jornalista muitas vezes se sente impedido de expressar sua criatividade diante da imposição dos interesses comerciais.

A reação dos jornalistas pertencentes à geração dos anos 1920-30, os "donos de colunas", é, em geral, de não aceitação do que eles chamam de "ditadura do leitor" ou de "subserviência ao leitor". Zuenir Ventura[9] se identifica com a época em que não se consultava o leitor para nada: "Imagina se você faria a reforma do *Jornal do Brasil*[10] consultando o leitor do final dos anos 50, que era

---

[9] Zuenir Ventura. Nasceu em 1931, filho de pai operário. Concluiu o curso universitário de letras. Iniciou a carreira na imprensa em 1956. Quando foi entrevistado, era colunista do *Jornal do Brasil*. Entrevista à autora. Rio de Janeiro, 15 jul. 1997.

[10] O *Jornal do Brasil* iniciou uma reforma gráfica e de conteúdo a partir de 1956, quando deixou de ser um jornal exclusivamente de anúncios classificados, o que lhe valeu o apelido pejorativo de "jornal das cozinheiras", para se transformar em

constituído pelo público de domésticas: iam dizer não à reforma. Isso impediria a inovação".

Alberto Dines,[11] ao analisar a fase de transição política e técnica da imprensa dos anos 1970-80, considera-a um período de muitas perdas. Ele, que teve papel destacado na imprensa brasileira durante os anos 1960-70, vê com muito pessimismo o jornalismo que se pratica hoje:

> A abertura, quer dizer, aquele momento que podia ser o mais feliz da imprensa brasileira, foi marcada no governo do general Geisel e no do general Figueiredo[12] por uma intervenção dos empresários da comunicação na própria essência do fazer jornalismo, com a introdução e a supremacia do *marketing*, com as mudanças nas redações, com a substituição das pessoas mais experientes, mais velhas, mais idealistas, mais humanistas, por quadros tecnocráticos que acreditam no *marketing* como a lei número um do jornalismo. Tudo isso marca profundamente a imprensa brasileira hoje.

Considerações finais

Dos dados e informações obtidos, sobressaem indícios dos conflitos e das lutas pelo poder entre as duas gerações aqui examinadas. Tudo indica que, no momento da mudança política e

---

um modelo de jornal moderno, imitado pelos demais. Foi criado um suplemento voltado sobretudo para as artes, com destaque para o cinema e o teatro, e trouxe para a redação grandes nomes da política e da intelectualidade.

[11] Alberto Dines. Nasceu em 1932, filho de ativista político. Não completou o curso secundário. Começou a trabalhar na imprensa em 1952. Quando foi entrevistado, era o editor responsável pelo programa *Observatório da Imprensa*, da TV Educativa. Entrevista à autora. São Paulo, 3 dez. 1997; Rio de Janeiro, 29 dez. 1997.

[12] A chamada "abertura" política foi o processo brasileiro de redemocratização iniciado pelos próprios militares e que atravessou o período de governo dos generais Ernesto Geisel (1974-79) e João Batista de Figueiredo (1979-85).

tecnológica, as gerações mais velhas, detentoras até então do monopólio das decisões e dos postos mais elevados da hierarquia, perderam essa posição para a geração mais jovem, até então excluída das posições de direção. Uma das explicações para essa substituição pode ser encontrada nas oportunidades de acesso a uma formação escolar mais especializada e na capacidade de acompanhar com maior rapidez as transformações que se operavam na estrutura tecnológica por parte dos jornalistas mais jovens. O conflito de gerações deve ser explicado por referência à estrutura específica das empresas jornalísticas. Quando se deu a transição do regime autoritário para o democrático, ocorriam também a abertura de canais ascendentes de mobilidade social e a abertura de oportunidades de trabalho em novos veículos de informação, em especial com a implantação e a expansão dos canais de televisão.

As exigências do mercado de trabalho levaram os jornalistas, que buscavam ascender na carreira, a desenvolver estratégias que envolveram uma formação escolar mais especializada, uma adaptação aos novos recursos econômicos, políticos e simbólicos postos à sua disposição. A competição entre os meios de comunicação pode ser apontada como um dos fatores determinantes na mudança do comportamento dos jornalistas. Eles se tornaram mais profissionais, mais eficientes, por exigência do mercado. A informação está ligada a operações que vão desde a coleta à apuração até a construção da notícia. A estrutura de produção de um jornal exige hoje, primeiramente, um rigor muito grande no fechamento, o que obriga o jornalista a trabalhar sob a pressão do tempo e do espaço. O jornal hoje fecha seis horas mais cedo. Antes, o jornal fechava quando o jornalista acabava de redigir sua matéria, ou quando o editor dizia "pode fechar". A situação mudou, e quem determina o fechamento é outra instância, a comercial. O jornal tem de obedecer a horários rígidos, pois há contratos com companhias aéreas que distribuem o jornal para outros estados e com serviços terrestres para a distribuição em outras cidades do mesmo estado. O jornalista hoje trabalha mais: além de preparar a notícia, ele deve fazer a diagramação, indicar as fotos, desenhos, gráficos, tudo o que constará de sua matéria. Por outro lado, houve uma redução drástica de pessoal nas redações. Os repórteres são obrigados a fazer duas ou três matérias, tudo sob pressão. Um maior controle da qualidade se torna difícil nesse processo rápido e ágil. Esses são, em geral, os argumentos utilizados para mostrar como caiu a qualidade da informação veiculada hoje.

Na verdade, é a competitividade entre os vários tipos de mídia e a concorrência pelo mercado que são responsáveis pelo comportamento dos jornalistas atualmente. Não é supérfluo dizer que a informação, além de um bem simbólico, tornou-se basicamente um bem econômico, uma mercadoria. A concorrência obrigou os jornalistas a produzir para um mercado cada vez mais competitivo, determinando uma postura menos política e menos ideológica diante dos fatos e das notícias. Os jornalistas se tornaram mais profissionais, mas isso não significa que sejam mais isentos diante da informação. Ao contrário: estariam mais inclinados a colaborar com os poderes externos. Como mostra Pierre Bourdieu (1996:41),

> o campo do jornalismo tem uma particularidade: é muito mais dependente das forças externas do que todos os outros campos de produção cultural, campo das matemáticas, campo da literatura, campo jurídico, campo científico etc. Ele depende diretamente da demanda, está submetido a sanções do mercado, do plebiscito, talvez ainda mais do que o campo político [trad. livre].

Isso pode significar maior dependência em relação ao poder. Ou seja, teria havido uma redução na autonomia e na margem de manobra dos jornalistas diante do monopólio da comunicação, que passou a ser exercido pelos políticos e pelo mercado.

Referências

BAHIA, Juarez. *Jornal, história e técnica*. São Paulo: Ática, 1990.

BARBOZA, Maria Lígia de Oliveira. Para onde vai a classe média, um novo profissionalismo no Brasil? *Tempo Social*, v. 10, n. 1, p. 129-142, maio 1998.

BOBBIO, Norberto. *Os intelectuais e o poder*: dúvidas e opções dos homens de cultura na sociedade contemporânea. São Paulo: Ed. Unesp, 1997.

BOURDIEU, Pierre. *Sur la télévision*: suivi de l'emprise du journalisme. Paris: Liber, 1996.

CHAMPAGNE, Patrick. La loi des grands nombres: mesure de l'audience et représentation politique du publique. *Actes de la Recherche en Sciences Sociales*, n. 101-102, p. 10-22, mar. 1994.

DAHL, Robert. *Poliarquia*: participação e oposição. São Paulo: Edusp, 1997.

MANNHEIM, Karl. *Le problème des générations*. Paris: Nathan, 1990.

Periódico

O Globo. Rio de Janeiro, 17 ago. 1977; 5 dez. 1998.

Entrevistas

Alberto Dines. Entrevista à autora. São Paulo, 3 dez. 1997; Rio de Janeiro, 29 dez. 1997.

Franklin Martins. Entrevista à autora. Brasília, 7 ago. 1997.

Merval Pereira. Entrevista à autora. Rio de Janeiro, 22 ago. 1997.

Otávio Frias Filho. Entrevista à autora. São Paulo, 8 dez. 1997.

Ricardo Noblat. Entrevista à autora. Brasília, 7 ago. 1997.

Roberto Müller Filho. Entrevista à autora. Vitória, 27 ago. 1998.

Zuenir Ventura. Entrevista à autora. Rio de Janeiro, 15 jul. 1997.

9 A IMPRENSA E O ENGAJAMENTO POLÍTICO NO FINAL DO SÉCULO XX*

Ao analisarmos o perfil e a trajetória de vida dos jornalistas brasileiros, identificamos questões relacionadas à escolha da profissão e a concepções e formas de exercer o jornalismo que se diferenciam daquelas que predominaram até os anos 1970. As mudanças políticas e econômicas que ocorreram na sociedade brasileira nas duas últimas décadas introduziram alterações no perfil do jornalista brasileiro pertencente à geração nascida no pós-guerra que se profissionalizou durante o regime autoritário-militar (1964-85), ou seja, que iniciou a carreira quando não havia liberdade de expressão e de ideias, quando a imprensa vivia sob a censura dos órgãos policial-militares.

A trajetória de vida dos jornalistas que ocupam hoje os cargos de direção e chefia nas redações ou que são responsáveis pelas colunas indica que o contexto político de repressão e censura foi, para muitos jovens, um estímulo na escolha do jornalismo como

---

* Texto apresentado no XXIV Encontro Anual da Anpocs. Petrópolis, 23-27 de outubro de 2000.

profissão. Embora possa parecer contraditório, essa escolha fazia parte da lógica de um engajamento político. Por outro lado, observa-se que esses mesmos jornalistas, na conjuntura da década de 1990, passaram a ter pouco interesse na atuação política e uma atitude de desengajamento.

A partir dessas constatações, discutimos neste texto as motivações políticas que levaram muitos jovens ao jornalismo econômico e como essas motivações foram se tornando distantes da prática profissional ao longo do processo de redemocratização do país. Pretendemos explicar como o engajamento e o desengajamento político influenciaram o desempenho dessa atividade profissional. Nossa perspectiva é a de que o jornalista, ao desempenhar sua função social, dá sentido aos acontecimentos, dá sentido ao mundo em que vivemos. Informar é dar sentido, o que significa que o jornalista não escolhe essa função: ela é dada pela própria atividade da informação. Ao exercer a função de jornalista, ele é um ator social que tem responsabilidade pela seleção e construção da informação; é ele que seleciona, hierarquiza e dá sentido ao acontecimento que se tornará conhecido e inteligível.

A escolha da profissão

Gostar de escrever, saber escrever, escrever bem, saber narrar uma história, ter talento para escrever são algumas das justificativas que aparecem nos depoimentos que obtivemos como determinantes na escolha da profissão.

Os dados de nossa pesquisa[1] indicam que a trajetória de vida desses jornalistas não foi um percurso concebido e percorrido de forma linear. As observações de Pierre Bourdieu (1996:184) são

---

[1] Este texto se apoiou nas entrevistas realizadas com 50 jornalistas que atuam na mídia no Rio de Janeiro, em São Paulo e em Brasília.

pertinentes em sua afirmação de que a narração de uma vida não pode ser vista como um todo coerente e orientado, "uma história que transcorre, segundo uma ordem cronológica que também é uma ordem lógica, que tem um começo, uma origem, no duplo sentido de ponto de partida, de início, mas também de princípio, de razão de ser, de causa primeira, até seu término, que também é um objetivo".

As respostas à nossa questão sobre como e por que escolheram o jornalismo foram inicialmente apresentadas como se existisse um caminho traçado e que foi seguido linearmente. Entretanto, ao insistirmos com nossos entrevistados para saber como eles obtiveram o primeiro emprego, que estratégias utilizaram para obtê-lo, quem interferiu para a obtenção do lugar na imprensa e se tiveram auxílio de parentes e amigos, começaram a aparecer outras determinações na escolha da profissão. A opção pelo jornalismo se mostrou interligada a múltiplos acontecimentos e a um conjunto de relações que os entrevistados possuíam.

O jornalismo era, para muitos jovens, uma profissão que correspondia aos anseios de uma intervenção social e de uma participação política. Um número significativo dos jornalistas entrevistados tinha envolvimento com organizações políticas e já estava engajado. Na verdade, a natureza do papel atribuído à imprensa e ao jornalismo nos anos 1960-70 pode ser vista como um elemento fundamental na explicação dessa escolha. Essa parece ser a razão para muitos terem escolhido o jornalismo, embora "saber" ou "gostar" de escrever não possam ser vistas como razões excludentes.

Roberto Müller mostra em seu depoimento que o engajamento político facilitava a entrada na imprensa: "Nós nos protegíamos, procurávamos contratar e dar preferência àqueles que eram perseguidos politicamente. Eu fiz muito isso. Eu mesmo fui beneficiário dessa situação" (entrevista, 27 ago. 1998). Para Ancelmo Gois, fazer jornalismo era o mesmo que atuar em um partido político, era uma "missão" (entrevista, 7 abr. 1997). Tereza Cruvinel diz que nos anos 1970, quando iniciou a vida profissional, não tinha clareza sobre a distinção entre ser jornalista e ser líder de um movimento político: "A ideia que eu tinha, naquela época, era dos jornalistas revolucionários, que escreviam nos jornais leninistas" (entrevista, 16 abr. 1998).

Essa percepção do papel da imprensa estava ligada ao momento político brasileiro dos anos 1960 e do pós-1964. De um lado, a década de 1960 foi rica em movimentos políticos que pregavam a revolução socialista, o fim das desigualdades e da miséria do país; de outro, foi marcada por um movimento cultural de grande criatividade na música popular, no teatro, no cinema e na literatura. Havia grande mobilização dos intelectuais, artistas e jovens, que estavam engajados em movimentos para a mudança da sociedade. Mas toda essa expectativa malogrou com a chegada dos militares ao poder em 1964, que provocou muita frustração.

É importante lembrar que a maioria dos jornais brasileiros de grande prestígio e circulação apoiou a queda do regime constitucional em 1964. Alguns tiveram atuação destacada na luta contra as chamadas "reformas de base", como a reforma agrária, defendidas pelo presidente João Goulart em 1963-64. Logo após o golpe militar, quando se iniciaram as prisões e se editaram medidas restritivas da liberdade de expressão, os mesmos jornais que haviam apoiado a queda de João Goulart passaram a fazer oposição ao regime militar e a denunciar o abuso do poder e as arbitrariedades cometidas. Com o Ato Institucional nº 5, de dezembro de 1968, agravou-se a situação, já que por esse ato o presidente da República tinha poderes para impor a censura prévia aos meios de comunicação, desde que tal procedimento fosse considerado necessário à defesa do regime militar.

Aluizio Maranhão, ao nos dar seu depoimento, recorda:

> Sempre gostei de desenho. Inicialmente a minha ideia era fazer arquitetura [...]. Mas essa era uma época de intensa ebulição poli-

> tica, foi quando teve início o jornalismo de resistência, o que atraía a todos que tinham alguma militância política dentro do movimento estudantil. Como eu gostava de ler, gostava de escrever, por que não o jornalismo? E foi assim que eu me decidi [entrevista, 23 jan. 1998].

Tereza Cruvinel iniciou a universidade em 1974 fazendo o curso de letras porque "gostava muito de literatura", mas pensava também em ser economista porque trabalhava no Instituto de Pesquisa Econômica Aplicada (Ipea). Frequentou o curso de letras durante um ano e não gostou; abandonou-o porque era muito conservador politicamente e os alunos não eram motivados pelo movimento estudantil: "Como nessa época eu já estava muito engajada, fui fazer jornalismo". Ela pertencia a uma organização política clandestina trotskista.

A geração que iniciou a vida profissional nos anos 1960, durante o regime militar, viveu o auge do engajamento político, mas conheceria a partir dos anos 1980 o descenso ou o desengajamento político.

O engajamento é típico do século XX porque nesse século caíram todas as barreiras que impediam o direito do indivíduo de se associar, se reunir e se expressar. Foi nesse século que se ampliaram os sindicatos, os partidos políticos, os movimentos de reivindicação, as associações cívicas etc. (Prost, 1998:14-26). O engajamento é uma atitude pessoal, é uma decisão "voluntária". O engajamento político significa a adesão a uma ideologia e o exercício de uma atividade organizada no interior de um partido ou movimento. No sentido dado por Jean-Paul Sartre (1945, 1948), representa para o indivíduo abdicar de sua liberdade de julgamento em benefício de uma causa, de um partido. O escritor sartriano deveria denunciar os abusos e as injustiças por meio da literatura, porque a literatura era para ele "a essência da tomada de posição". O escritor, ao narrar, contar, explicar, analisar, desnuda o real e nesse momento está agindo sobre o real, porque "falar é agir" (Sartre, 1948:29-30). Ser engajado é participar de um conjunto de valores, atitudes, de um processo de identidade. O engajamento teria nascido do sentimento do intolerável diante da injustiça, da indignação provocada pela arbitrariedade, levando à ideia de que a passividade é culpada e cúmplice (Perrot, 1998:4-13). Segundo Michelle Perrot (1998:6), "esse sentimento de responsabilidade pela infelicidade do mundo torna urgente 'fazer alguma coisa', supõe uma representação da sociedade como uma soma de relações interdependentes sobre a qual é possível agir".

O indivíduo engajado se mobiliza em torno de objetivos políticos, como a luta pela garantia das liberdades democráticas, pelos direitos dos cidadãos, contra as ditaduras, pela reunião ou separação dos territórios de uma nação, em defesa da classe operária, em defesa dos oprimidos etc. No Brasil, ser engajado nos anos 1960-70 representava participar de ações a serviço de uma sociedade mais justa, mais igual, derrubar os militares do poder e implantar um regime democrático ou socialista. Neste último caso, estavam os filiados ao Partido Comunista Brasileiro (PCB), ao Partido Comunista do Brasil (PCdoB), a outros movimentos de esquerda e também aos movimentos revolucionários de guerrilha que se formaram ao final dos anos 1960.

As experiências e as ações internacionais, como a revolução cultural da China, a Guerra do Vietnã, a ação guerrilheira de Cuba e de Che Guevara e o movimento de Maio de 1968 na França, foram sem dúvida influências que marcaram as opções dos jovens brasileiros diante de um quadro político interno que não abria espaço para a expressão de posições políticas contrárias ao regime. Havia um choque ideológico no mundo, o que obrigava as pessoas a tomar posições a favor ou contra.

A imprensa era para muitos jovens o caminho para divulgar suas posições ideológicas, uma forma de exercer um engajamento político. Alguns jornais da chamada imprensa alternativa exerceram o papel de militantes ativos contra a repressão, contra a censura, e usaram suas páginas como espaço para a discussão das posições políticas que faziam parte das organizações clandestinas. Ao contrário dessa posição, a imprensa comercial, de maior circulação, adotou uma resistência passiva, tentou e algumas vezes conseguiu denunciar a censura de forma simulada. Os jornalistas que iniciaram a carreira durante esse período aprenderam a usar uma linguagem cifrada para transmitir informações proibidas.

As editorias de economia foram criadas durante o regime militar, e foi no interior delas que se organizou a oposição ao regime. Um número elevado de nossos entrevistados buscou exercer o jornalismo nas editorias de economia, na medida em que os assuntos políticos eram os que sofriam maior censura.

Ao longo da década de 1970, em pleno regime militar, ocorreu um forte crescimento econômico no país, com um processo de verticalização da indústria e um aumento considerável da produção de bens duráveis. Foi o período do chamado "milagre econômico", quando o Produto Interno Bruto (PIB) teve um crescimento em torno de 11% ao ano. O modelo de desenvolvimento adotado permitiu importantes investimentos nas empresas estatais, em especial as de petróleo, produtos petroquímicos, aço, energia e comunicação.

A modernização dos meios de comunicação foi, para os militares, parte de uma estratégia política, ligada à ideologia da segurança nacional. A implantação de um sistema de informação capaz de "integrar" o país incluía-se em um projeto em que o Estado era entendido como o centro irradiador de todas as atividades fundamentais em termos políticos. Para a concretização desse projeto, os militares estimularam a formação de vastas redes, o que exigiu grandes investimentos. Foi nesse período que se formaram os oligopólios da informação, com recursos obtidos do governo. Não se pode esquecer que, nesses anos de regime militar, a imprensa, o rádio e a televisão já dependiam fundamentalmente da publicidade para sobreviver e que os maiores anunciantes eram empresas estatais e instituições governamentais.

Na trajetória de mudanças ocorridas durante o regime militar, os economistas passaram a ter o papel e o espaço que antes eram dados à política e aos políticos. Os militares, em nome da eficiência econômica e da competência técnica, deram aos economistas os cargos de direção nos órgãos públicos, onde eles exerceram o poder de definir as políticas públicas e as orientações básicas para o desenvolvimento brasileiro. Os economistas atuaram praticamente como dirigentes políticos, mas sem as obrigações exigidas de um representante detentor de mandato eleitoral. Eles não precisavam prestar contas de seus atos a um partido ou eleitorado.

As editorias de economia dos jornais rapidamente obtiveram grande espaço e prestígio, e em seu interior foram introduzidas inovações que em seguida se estenderam a toda a redação. Os proprietários de jornais, diante das pressões da censura e da apreensão dos exemplares pela polícia, resolveram substituir o noticiário político pelo econômico ou por notícias internacionais. Foi o momento de profissionalização tanto das empresas quanto dos jornalistas.

O interesse pelo tema econômico-financeiro também se alargou, atingindo setores de classe média, que começaram a aplicar suas economias no mercado de capitais. Como lembra o jornalista Alberto Dines (1986:72), de um lado o noticiário econômico passou a interessar uma grande massa de leitores, mas de outro a linguagem tornou-se hermética, já que as fontes de informação dos jornalistas eram os tecnocratas ou os economistas.

É possível indicar a diminuição relativa das notícias de política nacional em benefício das notícias internacionais e econômicas por meio da análise do conteúdo das notícias divulgadas na primeira página de dois jornais, *Jornal do Brasil* e *Última Hora*, no período de 1960 a 1971, como demonstra pesquisa realizada por Scavone, Belloni e Garbayo (1975). A proporção de notícias sobre temas de política nacional no *Jornal do Brasil*, que entre 1960 e 1963 (ou seja, antes de os militares assumirem o poder) era de 54,2%, entre 1970 e 1971, em pleno regime militar, passou a ser de 28,2%. As notícias internacionais, que cobriam 17,7% do noticiário entre 1960 e 1963, passaram para 40,4% entre 1970 e 1971. Quando se observam, dentro da categoria de política nacional, os diversos assuntos abordados, verifica-se que a política econômica, que em 1960 ocupava 9% dos assuntos da primeira página do *Jornal do Brasil*, em 1971 passou a ocupar 28,3%.

No *Última Hora*, jornal popular que dava prioridade a assuntos de política nacional, principalmente reivindicações trabalhistas e mobilizações populares, verificamos que o noticiário sobre política nacional ocupava 49,5% da primeira página entre 1960 e 1963; o número cai para 23,8% entre 1970 e 1971. Em relação aos assuntos de economia, a pesquisa mostra a mesma situação do *Jornal do Brasil*. Enquanto em 1960 o *Última Hora* tinha 10,6% de suas notícias de primeira página ligadas à economia, em 1971 os temas econômicos passaram a ocupar 21,4% do noticiário.

Se essa mesma pesquisa fosse feita para o período posterior a 1972, os resultados seriam provavelmente ainda mais significativos quanto à ênfase dada pelos jornais aos temas econômicos.

Para os militares, as editorias de economia representavam um espaço de menor risco porque as informações eram basicamente sobre o setor público, e os dados e índices eram oficiais, fornecidos pelo BNDE, pela Associação Comercial, pelas Federações das Indústrias e fundamentalmente pelo Ministério da Fazenda. Mas a censura atingia todos os setores do jornal, alguns com mais intensidade do que outros.

O jornalista Caó era da editoria de política da TV Tupi e de *O Jornal* quando em 1970 foi julgado e condenado por sua atuação política na Bahia no período anterior a 1964. Ao sair da prisão, seis meses depois, foi demitido da TV Tupi e informado de que não poderia exercer a profissão na televisão; mesmo em jornais e revistas não poderia continuar na reportagem política. Escolheu então trabalhar na editoria de economia (Oliveira, entrevista, 12 maio 2000).

O jornalismo econômico tal como é praticado hoje nasceu nos anos 1970. Até essa década, o noticiário econômico era essencialmente voltado para a cobertura das cotações da Bolsa, informações sobre câmbio, e, quando apresentava outros temas, eles não vinham acompanhados por uma análise, não existia um grupo de jornalistas dedicados e especializados em assuntos econômicos dentro das redações. Não existia cobertura sobre o desempenho das empresas nem sobre os diversos setores da economia. A visão macroeconômica e setorial não era objeto de análise. As editorias de economia introduziram uma forte profissionalização de seus jornalistas.

A editoria de economia do *Jornal do Brasil* pode ser tomada como exemplo. Ela foi criada por Alberto Dines e chefiada por Noênio Spínola, que introduziu a partir de 1967 informações sobre o setor público e sobre empresas e empresários do setor privado. Até então, as atividades econômicas cabiam em duas páginas do jornal. Noênio ampliou a editoria, que passou a contar com 12 páginas, e criou um grupo especializado em indústria, que tinha Ênio Bacellar como responsável. A editoria cobria também petróleo e siderurgia; mercado de trabalho, com Carlos Alberto de Oliveira; comércio exterior, com Luiz Ignacio de Castro; mercado de capitais, com Carlos Alberto Wanderley. Suely Caldas era responsável por notícias sobre abastecimento e outras.

As transformações incluíram maior espaço para as empresas privadas, com entrevistas e opiniões dos empresários. A editoria de economia se abriu para a área de negócios, sofreu por isso críticas dentro da própria redação e teve de enfrentar a desconfiança dos empresários. De um lado, a não aceitação do espaço dado aos empresários correspondia a uma visão predominante até o final dos anos 1960; ou seja, noticiar negócios era matéria paga disfarçada ou uma tentativa de obter recursos das empresas sob a ameaça de revelações negativas sobre os empresários e seus negócios (Garcia, entrevista, 16 ago. 2000). Nos anos 1940-50, os jornalistas de prestígio não aceitavam fazer matérias sobre empresas e empresários, já que esse tipo de jornalismo era malvisto e os jornalistas que o praticavam eram tidos como corruptos. Mas já nos anos 1970, sob a influência do jornalismo norte-americano e sob os efeitos da censura, os jornais brasileiros descobriram que a economia vista do ângulo das empresas também era notícia. De outro lado, os empresários reagiram com muita desconfiança, esperando que as informações veiculadas sobre suas empresas fossem cobradas, mais cedo ou mais tarde, pelos jornais. Também temiam dar declarações contra determinados aspectos da política econômica e sofrer, em função disso, retaliações do governo. Além disso, a editoria de economia do *Jornal do Brasil* sofria críticas dentro da própria redação, dos jornalistas das outras editorias, que a consideravam porta-voz do ministro Delfim Netto.

O *Jornal do Brasil* foi bastante beneficiado pelo "milagre econômico", na medida em que o sucesso do modelo econômico do regime militar foi baseado na ênfase à indústria automobilística e na construção civil, o que favoreceu a classe média. O *Jornal do Brasil* tinha nesse período o domínio absoluto na procura dos cadernos de classificados, seu trunfo econômico. As classes A e B foram as mais aquinhoadas com essa política e eram as leitoras assíduas de seus cadernos de classificados.

Durante o período do "milagre econômico", quando o ministro Delfim Netto tinha forte controle sobre todos os setores econômicos e quando os setores básicos da economia pertenciam ao Estado, as fontes de informação eram os técnicos ou assessores dos órgãos estatais ou o próprio ministro e seus assessores. As editorias de economia foram usadas como instrumento de divulgação da política econômica do regime militar.

Era importante para o regime que a imprensa difundisse as conquistas e os avanços econômicos, como instrumento de legitimação. Houve uma grande expansão dentro dos órgãos oficiais de assessorias de relações públicas, encarregadas de divulgar as obras, os investimentos realizados pelo governo federal e pelos governos estaduais. A "Revista Econômica" preparada pela editoria de economia do *Jornal do Brasil* em 1973, além de uma longa entrevista com o ministro Delfim Netto sobre desenvolvimento e integração regional, trazia artigos sobre investimentos do governo federal no polo petroquímico da Bahia, investimentos do governo do Rio Grande do Sul em água potável para o estado e do governo federal na construção da usina hidrelétrica de Itaúba (RS). Divulgava, ainda, obras portuárias no Rio Grande do Sul, investimentos da Companhia Vale do Rio Doce no Espírito Santo, investimentos em Minas Gerais por parte da General Motors, da Fiat, da Termocanadá, da Arafértil, entre outras, grandes projetos de agropecuária ao longo da Transamazônica, rede de silos no Paraná etc.

O esforço do regime para se legitimar não foi alcançado. Como indica Anne Marie Smith (2000:48), "no trato com a imprensa, o regime inventou procedimentos que disfarçavam o ato da censura. Mentia a respeito de restrições à imprensa".

A hierarquia nas redações contribuiu para um maior ou menor grau de independência dos jornalistas em relação ao poder político. Todos se guiavam pelos mesmos objetivos: obter notícias e informar o leitor. Entretanto, os diretores e os chefes de redação que tinham o privilégio de ter contato direto com as fontes de maior poder e prestígio deveriam evitar o confronto com o Estado, pois isso determinaria, entre outras consequências, a perda de publicidade e, em muitos casos, a perda de emprego. Alguns apoiavam as medidas econômicas do regime por uma questão de identidade ideológica, mas nunca houve, por parte desses jornalistas, endosso à censura. Os repórteres viviam uma situação ambígua: eram os mais engajados politicamente, os que buscavam denunciar o regime, mas conheciam os limites de sua atuação e tentavam, de um lado, preservar sua autonomia profissional e, de outro, manter as condições mínimas para continuar a exercer a profissão.

A redemocratização e o desengajamento

A situação começou a mudar com a crise do petróleo, em 1973, com o fim do "milagre econômico" e o início da transição democrática. A economia e o modelo econômico brasileiro tornaram-se o foco de resistência dos jornalistas brasileiros ao regime militar. As editorias de economia organizaram-se em torno de alguns jornalistas que lideraram a formação de uma geração de jovens capacitados a acompanhar as decisões econômicas do governo. Eles se dedicaram a estudar questões como balanço econômico das empresas, dívida externa, tipos de investimentos que estavam sendo feitos, consequências do modelo de desenvolvimento na distribuição interna da riqueza etc. Para isso, aproximaram-se dos economistas que trabalhavam nas universidades e em instituições de pesquisas, como Ipea, IBGE, FGV, onde obtinham os dados e os argumentos necessários para fazer oposição ao governo. Formou-se um grupo coeso que passou a atuar na Associação dos Jornalistas de Economia e Finanças (Ajef). Até então, a Ajef era omissa na defesa da liberdade de atuação dos jornalistas e mostrava-se favorável ao regime militar. Por meio de uma articulação dos jornalistas econômicos de *O Globo*, *O Estado de S. Paulo* e *Jornal do Brasil*, foi lançada a candidatura de Carlos Alberto de Oliveira, o Caó, para a presidência do órgão. A partir de então, a Ajef se tornou um fórum de debates e também se dedicou à formação dos jornalistas em economia e finanças.

As análises dos economistas Albert Fishlow e Werner Baer muito contribuíram para divulgar as questões relativas à concentração de renda no país, que se aprofundou durante o "milagre econômico". Essas análises tinham a vantagem de não despertar a censura dos militares, já que eram feitas por norte-americanos; os militares achavam que nesse caso "não podia ser comunismo", ironiza Noênio Spínola (entrevista, 28 abr. 2000), que promoveu o debate com Fishlow para o *Jornal do Brasil*.

Também os economistas do Ipea e das universidades, que não tinham espaço na mídia, por serem considerados opositores do regime, logo censurados pelos órgãos de repressão, passavam para essas editorias os resultados de suas pesquisas sobre a economia brasileira pós-1964. Na maioria dos casos, não havia indicação do responsável pelo estudo.

No *Jornal do Brasil*, quando teve início o processo de abertura política, em 1974, deu-se a saída de Alberto Dines, substituído por Walter Fontoura como editor-chefe; houve também a substituição de Noênio Spínola na chefia da editoria de economia por Carlos Alberto de Oliveira, o Caó. Ele imprimiu uma nova orientação à editoria, tornando-a mais crítica em relação à política econômica do governo e incluindo nas páginas do jornal a discussão sobre o modelo econômico adotado pelo regime militar.

Ainda no *Jornal do Brasil*, a "Revista Econômica", destinada a fazer o balanço anual da economia brasileira, foi usada a partir de 1974 para questionar o regime e sua política econômica, e publicar dados e estudos que mostravam o fim do "milagre econômico".

Durante o processo de transição, o governo utilizou a imprensa como um dos mecanismos de ação política para impor ao grupo mais radical dos militares a aceitação da redemocratização do país, já que a imprensa podia se constituir na cadeia de transmissão para os demais setores a serem atingidos pelo projeto de abertura do regime. Como mostra Celina Rabello Duarte (1983:190), "a liberalização da imprensa tomou um ritmo irregular, alternando-se momentos de liberdade com momentos de repressão. Esse ritmo acompanhou de perto o conflito interno pelo poder".

A imprensa abriu espaço para os empresários e os políticos de oposição. Alguns empresários faziam críticas ostensivas à política econômica do governo, como Antônio Ermírio de Morais, o que para os jornalistas era um meio de ter uma liderança empresarial falando "em *on*", visto que a maioria não criticava publicamente o governo. As críticas que surgiram no período Geisel mostravam uma insatisfação do empresariado com a política de fortes investimentos estatais e com os investimentos das multinacionais, isso no momento em que se dava uma redução drástica no ritmo do crescimento econômico.

Ao contrário do período de maior repressão, durante a chamada "abertura" tornou-se comum a divulgação de informações transmitidas por pessoas que ocupavam o centro do poder, como o ministro da Justiça, Armando Falcão, e o chefe do Gabinete Civil do governo Geisel, general Golbery do Couto e Silva, que não podiam ser citados nominalmente como fontes de informação. Foi quando proliferaram as informações privilegiadas "em *off*". Segundo um de nossos entrevistados, isso introduziu uma grande deformação no jornalismo brasileiro. Os jornalistas passaram a se atribuir grande prestígio, na medida em que tinham acesso a notícias em *off*; da mesma forma, os proprietários dos meios de comunicação valorizavam os jornalistas que eram capazes de trazer informações "quentes" sem obrigação de citar o informante. Essa deformação produzida em determinado contexto político permanece até hoje e tornou-se uma prática adotada tanto por políticos quanto por técnicos do governo, que se protegem só dando informações em *off*. O jornalista não investiga a informação e aceita a "declaração" do político. Ao mesmo tempo, deixou de ser um jornalista investigativo, aquele que vai buscar confrontar e analisar a notícia, e se transformou no jornalista "denuncista". Ao falar do jornalismo que se pratica hoje no Brasil, Henrique Caban diz que "a ditadura praticamente liquidou o repórter investigativo; antes nós fazíamos um jornalismo de investigação e passamos hoje para o denuncismo, nós denunciamos tudo que ninguém investigou" (entrevista, 15 maio 1998). Para ter credibilidade junto ao público, o jornalista quer mostrar independência, mostrar que não sofre censura e se coloca contra tudo e contra todos, denuncia tudo. O denuncismo, além dessas razões conjunturais, tem outras explicações. A redemocratização no Brasil se deu paralelamente à desilusão política com o socialismo, ao choque da desagregação do regime comunista, ao desprestígio da ideologia marxista e ao fim das utopias de construção de um mundo socialista mais justo, mais igual.

Este é o momento em que velhas formas de engajamento político desaparecem, é o momento de atitudes apolíticas, do recuo dos intelectuais, que não desempenham mais o papel de mediadores ou porta-vozes das ideias de mudança e de revolução. Está nascendo um novo tipo de engajamento em que o cidadão tem pouco interesse em uma participação seja institucional, com a adesão a um partido ou movimento, seja por meio de uma expressão artística, literária ou outras. O engajamento agora se atomizou e se privatizou.

Há uma ascensão dos técnicos, dos *experts*, dos jornalistas que falam sem paixões. O jornalista Otávio Frias Filho vê o momento atual como aquele em que

> as opções ideológicas se esgotaram. O debate ideológico se estreitou muito, para não dizer que desapareceu. A dificuldade consiste, a meu ver, em a imprensa conseguir transitar de uma crítica com base conceitual, ideológica, como no passado, para uma crítica que tenha uma concepção mais técnica [entrevista, 8 dez. 1997].

Com o fim do regime militar, os jornais passaram a valorizar os aspectos mais técnicos, mais profissionais do jornalismo, em detrimento de ideologias e da política. Otávio Frias Filho, à frente da redação da *Folha de S.Paulo*, encaminhou uma reforma dentro do jornal com o objetivo de "fazer um jornalismo crítico, apartidário e pluralista". Foi com o *Manual de redação* que essa orientação se impôs à redação, "com uma série de medidas draconianas em termos de normatizar procedimentos, despolitizar, procurar garantir as diversas versões registradas sobre um mesmo acontecimento, na mesma reportagem". Houve forte reação contra essa medida por parte dos jornalistas mais velhos, os mais experientes. A direção do jornal resolveu demitir todos aqueles que se posicionaram contra as mudanças, e quase 50 jornalistas saíram em 1985, momento em que se fazia a transição do regime militar para o democrático.

Hoje, quando o país vive em período de plena liberdade de imprensa, com o funcionamento das instituições democráticas, há um desinteresse crescente pelos temas políticos. Alguns jornalistas declaram que os leitores ou telespectadores têm um interesse cada vez maior pelo noticiário jornalístico de forma utilitária; o público se interessa por aquilo que ele pode usar, busca informações que podem lhe trazer algum ganho direto e imediato. Ele tem cada vez menos tempo para se dedicar à leitura de jornais, está cada vez mais seletivo, mais pragmático, utilitário. Por outro lado, houve uma enorme fragmentação de interesses, e o número de assuntos que têm a atenção do público é cada vez maior. Otávio Frias Filho observa que hoje existe uma grande pulverização de temas que interessam ao leitor:

> Nós estaríamos transitando de um leitor cidadão para um leitor consumidor. O leitor cidadão seria o característico dos anos 70 até o começo dos anos 80, quando houve uma politização grande da sociedade, as questões institucionais estavam em primeiro plano; na pós-democratização, houve uma prevalência das relações econômicas, relações de ganho e perda, com a emergência dessa figura que seria o leitor consumidor.

Chegamos ao final do milênio com uma nova concepção de engajamento político e com novas formas de mobilização social. Agora, a ideologia da esquerda, de conteúdo econômico e social, que dominou o século XX, foi absorvida pelos políticos de direita e pela classe dirigente, sobretudo por aqueles que detêm o controle dos meios de comunicação. Atualmente, tanto a antiga esquerda quanto a direita se mobilizam em torno da defesa dos "excluídos, dos pobres, dos não cidadãos, defendem a moral dos bons sentimentos". Os anos 1990 assistem ao surgimento dos movimentos de defesa dos excluídos, mas esses movimentos não são parte de um projeto de transformação da sociedade para resolver os problemas que impedem o acesso de uma parcela da população ao emprego, à terra, à educação, a salários dignos e à incorporação de todos aos direitos assegurados na Constituição. Bernard Poulet (1999:39-59), ao analisar as diversas associações surgidas na França na última década, indica que as novas formas de mobilização social combinam bons sentimentos, moralismo, mídia e direitos do homem. Esses movimentos nasceram, segundo o autor, "no momento em que a televisão se torna um meio de massa, tornando possível mobilizar diretamente a solidariedade do público para uma causa humanitária e urgente e permitindo ganhar a simpatia — e os donativos — da opinião pública com um pequeno número de militantes" (1999:41). Essas novas organizações, que não são nem partidos, nem sindicatos, nem simplesmente as associações de caridade de outrora, têm um discurso voltado para a afirmação dos direitos em substituição às velhas reivindicações, direito de moradia, direito à terra, à saúde etc., que se desdobra na categoria dos "sem".

A expansão dos meios de comunicação levou ao homem comum, por meio da televisão, todos os acontecimentos, inovações e mudanças que ocorrem no país e no mundo, o que lhe permitiu ter acesso também à noção de seus direitos. Os empresários da mídia perceberam que esse é o caminho para conquistar a audiência na televisão, no rádio ou o leitor de jornal. Uma das consequências imediatas é a preocupação da mídia em denunciar o não atendimento de necessidades básicas do cidadão, como a falta de condições de atendimento dos hospitais, a ausência de vagas nas escolas públicas, o desrespeito ao consumidor com denúncias de falsificações de medicamentos, a falta de controle de qualidade dos produtos, as violências praticadas pela polícia etc. Nesse caso, a mídia teria a função de assegurar a transparência das instituições. Ela estaria desempenhando a função de um contrapoder (Lederc, 1997). A denúncia, os escândalos fazem vender jornais e subir a audiência da televisão e do rádio. Isso dá lucro e permite ao cidadão, mesmo que de forma precária e intermitente, o acesso à Justiça. Nesse caso, poder e contrapoder se entrecruzam (Lederc, 1997:6).

Para os jornalistas que entrevistamos, o público não se interessa pela política praticada hoje. Daí, segundo Evandro Carlos de Andrade, diretor de jornalismo da Rede Globo,

> o interesse jornalístico sair em grande parte dessa área e ganhar outras áreas como a questão ambiental, saúde, corpo. Isso passa a ser hegemônico. A política, a não ser em momentos de eleição ou momentos especiais, é um blá-blá-blá muito grande. Na imprensa escrita ainda se pode discutir a essência de uma reforma institucional ou temas semelhantes, mas na televisão não é possível. Não se pode ser explicativo em um jornal de televisão [entrevista, 29 out. 1997].

Nossa pesquisa identificou algumas orientações do jornalismo que são praticadas hoje, ou seja, um jornalismo apartidário, despolitizado e pluralista. Os jornalistas ontem eram engajados politicamente, tinham uma ação dentro de partidos políticos ou movimentos. Hoje, são os profissionais, os técnicos que vivem a crise do engajamento.

Nesse contexto, os jornalistas, pela posição que ocupam, nos indicam com maior nitidez as transformações culturais e políticas que estão ocorrendo na sociedade.

Referências

BOURDIEU, Pierre. A ilusão biográfica. In: FERREIRA, Marieta de Moraes; AMADO, Janaína (Coord.). *Usos & abusos da história oral*. Rio de Janeiro: Ed. FGV, 1996.

DINES, Alberto. *O papel do jornal*: uma releitura. São Paulo: Summus, 1986.

DUARTE, Celina Rabello. Imprensa e redemocratização no Brasil. *Dados*, Rio de Janeiro, v. 26, n. 2, p. 181-195, 1983.

LEDERC, Henri. Le journaliste contre-pouvoir ou pouvoir. *Après Demain*, n. 39, jan./fev. 1997.

PERROT, Michelle. La cause du peuple. *Vingtième Siècle*, n. 60, p. 4-13, out./dez. 1998.

POULET, Bernard. À gauche de la gauche. *Le Débat*, n. 103, p. 39-59, jan./fev. 1999.

PROST, Antoine. Changer le siècle. *Vingtième Siècle*, n. 60, p. 14-26, out./dez. 1998.

SARTRE, Jean-Paul. Présentations. *Temps Modernes*, out. 1945.

____. *Qu'est-ce que la littérature*. Paris: Galllimard, 1948.

SCAVONE, Lúcia; BELLONI, Maria Luiza; GARBAYO, Cléa Sarmento. *A dimensão política da comunicação de massa*: um estudo exploratório do caso brasileiro. Rio de Janeiro: Ed. FGV, 1975.

SMITH, Anne Marie. *Um acordo forçado*: o consentimento da imprensa à censura no Brasil. Rio de Janeiro: Ed. FGV, 2000.

Entrevistas

Aluizio Maranhão. Entrevista à autora. São Paulo, 23 jan. 1998.

Ancelmo Gois. Entrevista à autora. Rio de Janeiro, 7 abr. 1997.

Carlos Alberto de Oliveira. Entrevista à autora. Rio de janeiro, 12 maio 2000.

Evandro Carlos de Andrade. Entrevista à autora. Rio de Janeiro, 29 out. 1997.

Henrique Caban. Entrevista à autora. Rio de Janeiro, 15 maio 1998.

Luiz Garcia. Entrevista à autora. Rio de Janeiro,16 ago. 2000.

Noênio Spínola. Entrevista à autora. São Paulo, 28 abr. 2000.

Otávio Frias Filho. Entrevista à autora. São Paulo, 8 dez. 1997.

Roberto Müller. Entrevista à autora. Vitória, 27 ago. 1998.

Tereza Cruvinel. Entrevista à autora. Brasília, 16 abr. 1998.

10 MÍDIA E MINISTÉRIO PÚBLICO: RELAÇÕES CONVERGENTES E CONFLITUOSAS*

Nosso objetivo é explorar as relações existentes entre a mídia e o Ministério Público, limitando a análise ao estado do Rio de Janeiro. Buscamos investigar o papel social que os procuradores de Justiça e jornalistas se atribuem e, por meio do exame da atuação desses atores, lançar luz sobre sua contribuição para a construção e/ou ampliação da cidadania. Procuramos ver como a imprensa tem dado maior visibilidade aos processos de tomada de decisão política e de condução de políticas públicas, o que pode implicar a ampliação da cidadania e, ao mesmo tempo, induzir a uma maior responsabilidade na prestação de contas das pessoas públicas. Ao mesmo tempo, buscamos analisar o Ministério Público como uma das agências de *accountability* horizontal, tal como formulado por O'Donnell (1998:40),[1] e identificar as dificuldades

---

* Este texto foi apresentado no XXIX Encontro Nacional da Anpocs. Caxambu, 25-29 de outubro de 2005.

[1] Guillermo O'Donnell (1998) define *accountability* horizontal a partir da "existência de agências estatais que têm o direito e o poder legal e que estão de fato dispostas e capacitadas para realizar ações, que vão desde a supervisão de

na implementação de mecanismos institucionais de maior participação e responsabilidade pública, o que impede a instituição de exercer plenamente suas funções.

A Constituição de 1988 deu ao Ministério Público controles sobre os poderes Executivo e Legislativo e garantiu grande independência a seus integrantes. O Ministério Público possui orçamento próprio e é dotado de funcionários altamente profissionalizados, que ingressam na carreira por concurso público.[2] A instituição é vista hoje como o meio mais eficiente de defesa dos direitos coletivos. Foi-lhe dado atuar na defesa do consumidor, na proteção do meio ambiente, no controle e defesa dos direitos constitucionais do cidadão e na defesa da criança e do adolescente. Mas sua autonomia pode ter limites. O procurador-geral da República é escolhido pelo presidente da República entre os procuradores de carreira, com aprovação do Senado, e os procuradores-gerais de Justiça são escolhidos pelos governadores a partir de uma lista tríplice votada pelos promotores e procuradores de cada estado. Todos têm mandato fixo, não podendo ser destituídos por questões políticas. Essa forma de escolha conduz os procuradores a buscar apoios políticos e compromissos com os governadores. O mecanismo de escolha, aliado à independência institucional do promotor diante do próprio Ministério Público e ao frágil controle sobre a instituição, facilita a atuação do Ministério Público como um instrumento de luta política em defesa da cidadania, criando uma situação que provoca críticas e tentativas de controle sobre seus membros.

---

rotina a sanções legais ou até o *impeachment* contra ações ou emissões de outros agentes ou agências do Estado que possam ser qualificadas como delituosas".

[2] Seus membros, no desempenho de seus deveres profissionais, não estão subordinados a nenhum órgão ou poder — nem ao Poder Executivo, nem ao Poder Judiciário, nem ao Poder Legislativo. Estão sujeitos ao controle de órgãos superiores e diretivos da instituição (Procuradoria-Geral da Justiça, Colégio de Procuradores, Conselho Superior do Ministério Público e Corregedoria-Geral do Ministério Público). Ver Mazzilli (1989).

Para garantir uma atuação independente e enfrentar as deficiências ligadas ao Judiciário e à polícia, os procuradores buscam se articular por intermédio da mídia. Por outro lado, se a redemocratização do país abriu espaço para a intensificação da prática do jornalismo investigativo, os jornalistas raramente dispõem de tempo e de recursos para uma checagem satisfatória de suas fontes — em especial, as mais poderosas e influentes. Abre-se então um campo favorável para o "denuncismo", termo que se refere à facilidade com que são divulgadas denúncias sem investigação ou evidências suficientes, com o predomínio da notícia sensacional, da narração de uma história dramatizada, em que o registro dos fatos não é feito com isenção. Essa prática jornalística é vista de forma contraditória. Para alguns autores, ela tem um papel positivo na democracia, pois tenderia a mostrar comportamentos obscuros, em que existem solidariedades duvidosas e perigosas entre elites políticas, poder econômico e *lobbies* diversos. Para outros estudiosos do tema, ao contrário, esse tipo de jornalismo oferece um espetáculo perigoso e perverso, que pode se afirmar em detrimento da credibilidade e da confiança da população em suas elites, sua classe política e suas instituições (Charon e Furet, 2000). O denuncismo pode ser pensado como a volta de um dos aspectos do jornalismo do *fait divers*, do jornalismo do divertimento, em que a informação é apresentada de forma chocante e dramática. O objetivo do *fait divers* é distrair o público e levá-lo a aceitar com naturalidade o cotidiano.

A mídia disputa com a Justiça o poder de revelar a verdade, de apontar os culpados de um crime. A investigação do jornalista é, em sua quase totalidade, o resultado de suas relações com a polícia, juízes, promotores ou advogados. A população também passa informações para as redações, abrindo caminho para as investigações. Nos últimos anos, contudo, novas orientações passaram a prevalecer na ação dos jornalistas. Uma delas é a ideia de que o caminho explorado deveria ser o jornalismo de "utilidade social".

A ação dos jornalistas é identificada como tendente a servir aos interesses concretos dos cidadãos. Seria o acesso à informação que permitiria ao cidadão exercer seus direitos. Para a população dos grandes centros urbanos, a mídia transformou-se de fato no meio mais eficiente de fazer valer seus direitos e garantir acesso ao sistema judiciário.

Os procuradores, por seu lado, utilizam a mídia como forma de abrir caminho para suas investigações, quando elas muitas vezes são ainda meras especulações ou processos em andamento. A mídia usa essas informações, principalmente quando se trata de temas envolvendo personalidades da vida pública, para ampliar suas vendas, no caso de jornais e revistas, ou sua audiência, no caso de rádio e televisão.

Para analisar as relações entre o Ministério Público do Rio de Janeiro e a mídia, tomamos dois acontecimentos que envolveram a atuação conjunta de jornalistas e procuradores: a "Chacina da Candelária" e a "Chacina de Vigário Geral", acontecimentos ocorridos em 1993 que tiveram forte repercussão na imprensa nacional e internacional e deram grande visibilidade aos procuradores do Rio de Janeiro. Destacamos, assim, analisar a ação penal pública do Ministério Público.

Jornalistas e procuradores em ação

A Chacina da Candelária ocorreu na madrugada do dia 23 de julho de 1993, quando sete crianças e jovens de 11 a 22 anos que viviam na rua foram assassinados perto da igreja da Candelária, no centro financeiro do Rio de Janeiro. Os jornais noticiaram o crime chamando-o de "chacina", que significa matança, assassinato. Os autores do crime seriam quatro homens que chegaram ao local em dois carros. Na mesma noite, a 500 metros da igreja da Candelária, no Aterro do Flamengo, um carro, com quatro homens, abordou três jovens, dois dos quais foram mortos. Os assassinos, segundo os jornais, seriam policiais que se teriam vingado pelo fato de alguns dos meninos terem, na véspera, apedrejado uma viatura policial. Fizemos o acompanhamento do noticiário sobre a Chacina da Candelária na revista semanal *Veja* e nos jornais *O Dia*, *O Globo* e *Jornal do Brasil*.

Em seguida, dedicamos nossa atenção ao noticiário dos mesmos jornais e da revista *Veja* na cobertura da Chacina de Vigário Geral, ocorrida nos primeiros minutos do dia 31 de agosto de 1993, quando 21 moradores — 13 homens, seis mulheres e dois adolescentes — da favela de Vigário Geral foram assassinados por um grupo de cerca 50 homens, 24 horas depois de outra chacina, no mesmo bairro, quando quatro policiais foram mortos numa emboscada armada pelos traficantes da área.

Acompanhamos, pelos mesmos jornais, o noticiário do julgamento dos acusados pelas duas chacinas; o julgamento dos envolvidos em Vigário Geral ainda não terminou. O processo sobre a Candelária já está arquivado.

A entrevista que fizemos com o procurador José Muiños Pinheiro Filho, que foi o promotor nos dois processos, serviu de base para entender a relação que se estabeleceu entre o Ministério Público do Rio de Janeiro e a imprensa.

Uma análise da cobertura da imprensa sobre esses acontecimentos indica algumas diferenças quanto à maneira de informar e ao conteúdo das notícias. Mas uma constante aparece em todos os veículos analisados: um estímulo à indignação do público. Comecemos pela Chacina da Candelária.

Na *Veja*, a Chacina da Candelária foi matéria de capa com o título "O massacre dos meninos" (28 jul. 1993). A reportagem descreve o acontecimento, diz que tudo parece indicar que a responsabilidade pelo crime foi de policiais e comerciantes do centro da cidade, e sugere que a ação foi praticada por um grupo de extermínio. A revista dá muita ênfase à repercussão internacional do crime e chama a atenção para a ineficácia das políticas públicas do prefeito César Maia (1992-96) e do governador Leonel Brizola (1990-94). As ONGs são criticadas por não prestarem conta dos financiamentos que recebem e por apresentarem uma série de irregularidades no uso dos recursos financeiros. A história de vida de um dos meninos assassinados, Anderson Pereira de Oliveira, é contada de maneira dramática: nasceu na rua, passou pela Obra do Berço, voltou a morar com a família na rua, era pouco assíduo na escola e tinha personalidade violenta e agressiva. A família deixou a rua e foi morar em barracos em Bangu e Bonsucesso. Anderson apanhava dos pais, fugia constantemente de casa e suspeita-se que cheirava cola. A reportagem informa que no enterro do menor a mãe sequer chorou.

Outro alvo das críticas da revista é a Constituição de 1988, por ter proibido o recolhimento e o confinamento dos menores em instituições, o que contribui para a marginalização de crianças e jovens. A impunidade é indicada como alimentadora e catalisadora dos assassinatos das crianças, já que em muitos casos nenhum inquérito policial é encaminhado ou concluído pelo Poder Judiciário.

O Dia, jornal popular e regional com noticiário voltado para os problemas da cidade e do interior do estado do Rio de Janeiro, transmitiu as informações sobre as duas chacinas em reportagens impregnadas de emoção, com enormes manchetes de primeira página, com fotografias dos mortos e descrições de detalhes dos crimes, além do relato das histórias e trajetórias de vida das vítimas. O jornal procurou identificar os responsáveis pelos assassinatos, atribuindo as chacinas da Candelária e de Vigário Geral aos policiais militares.

O Globo, jornal voltado para o público de classe média e de elite do estado do Rio de Janeiro, mas também com penetração nacional, noticiou os acontecimentos de forma sóbria. No dia seguinte ao do crime, estampou na primeira página uma fotografia da igreja da Candelária com a manchete "Presos três PMs suspeitos de chacina de menores". O jornal identificou como responsáveis pela chacina os policiais suspeitos e, por intermédio de outros personagens que "falavam", responsabilizou os governos estadual e federal pela chacina. Nas várias reportagens publicadas no dia 24 de julho, *O Globo* descreve a troca de acusações entre o governo, as ONGs, a Anistia Internacional e instituições de menores. O alvo central das críticas é o então governo do estado do Rio de Janeiro. Já Brizola e outras autoridades de seu governo apontam a concentração de renda, a crise econômica e a cultura da violência incrementada pela televisão, especialmente pela TV Globo, como principais responsáveis pelo massacre. Também por intermédio do juiz de menores Liborni Siqueira, o jornal acusava as entidades filantrópicas e as instituições de crianças de se beneficiar dos "meninos de rua". Nas duas primeiras semanas após o crime, o jornal deu grande espaço ao tema na primeira página, com fotografias e manchetes, e remeteu as informações para o caderno "Rio", em que se encontravam notícias sobre as investigações em andamento, os suspeitos e as prisões efetuadas. No dia 28 de agosto, uma grande manchete de primeira página informava que "o presidente Itamar Franco trocará embaixadores omissos", que não defenderam o Brasil no episódio da Candelária, quando os jornais da Europa e dos Estados Unidos acusaram o governo de não impedir esse tipo de crime. Nas páginas de opinião, vários artigos tentaram dar uma explicação para a chacina.

O *Jornal do Brasil*, nesse período da pesquisa, atingia um público amplo e chegava a todos os estados da Federação. Estava voltado para a classe média, com forte penetração entre os profissionais liberais e intelectuais. Na primeira semana, deu grandes manchetes na primeira página sobre o acontecimento e remeteu as informações para o caderno "Cidade". Nas páginas de opinião, vários artigos assinados por jornalistas, intelectuais e pelo arcebispo do Rio de Janeiro condenavam o crime. Entrevistas com especialistas na área de proteção ao menor, com representantes de associações dedicadas aos menores, com advogados apareceram ao longo das duas primeiras semanas após o crime. O jornal destacou a repercussão internacional com a manchete "Matança choca o mundo inteiro", reproduzindo os comentários da Associated Press (EUA), da France Press (França), da EFE (Espanha) e da Reuters (Inglaterra).

O secretário de Polícia Civil e vice-governador do estado do Rio de Janeiro, Nilo Batista, em entrevista ao *Jornal do Brasil*, no dia 28 de julho, quando as investigações estavam sendo iniciadas — o que foi destaque de primeira página, com grande manchete —, afirmou que não tinha dúvida de que o tenente da Polícia Militar Marcelo Cortes e os soldados Marcus Vinicius Borges e Cláudio Santos haviam participado da Chacina da Candelária. A denúncia foi assinada pelos promotores José Muiños Pinheiro Filho, Mauricio Assayag, Carlos Roberto Jatahy e Mendelson Pereira. O promotor Jatahy afirmou à imprensa que a denúncia fora feita em prazo recorde, isto é, um dia após o reconhecimento feito por Wagner dos Santos e outro menor. Segundo o promotor, as testemunhas tinham sido muito seguras quando apontaram os acusados. Mais tarde ficaria comprovado que o tenente Marcelo e o soldado Cláudio eram inocentes.

A Chacina da Candelária só deixaria de ser manchete e de ocupar as páginas dos jornais na segunda semana, quando foi substituída por outra chacina, a dos índios ianomâmis, e logo depois pela de Vigário Geral, ocorrida na madrugada do dia 31 de agosto.

O Globo e *O Dia*, em vários momentos, se apresentaram como responsáveis pelas investigações e pela apuração da "verdade", antecipando-se à polícia. Assim é que *O Dia* informou, em 5 de agosto de 1993, que a Polícia Federal, a partir de reportagem do jornal, iria investigar grupos de extermínio no Rio de Janeiro.

Nos três jornais analisados, a voz do público foi mostrada por meio das cartas dos leitores, em que aparecem manifestações de apoio à chacina, de concordância com as práticas de extermínio e de medo diante da ameaça que esses grupos de menores marginalizados representam para a sociedade. Os leitores demonstram muito mais preocupação com o comportamento violento dos chamados "meninos de rua" do que com os atos violentos praticados pelos policiais. Mas um grande número de cartas critica o poder político por não encaminhar soluções para retirar as crianças pobres da rua. Diz um leitor:

> A respeito da situação dos meninos de rua e da população carente em geral, com frequência tenho lido e ouvido declarações do tipo "a culpa é nossa". "Nossa de quem?" Uma boa fatia do meu salário vai para o imposto de renda, sem falar nos outros impostos que pagamos [...]. Nós moradores do Rio só podemos olhar para os meninos de rua com um misto de raiva e medo, somos ameaçados por eles todos os dias com cacos de vidros e canivetes [*Jornal do Brasil*, 29 jul. 1993].

Um leitor de *O Globo* assim se manifesta: "É lamentável como a imprensa vem apresentando a matança dos meninos assaltantes e quem sabe assassinos da Candelária. Quem escreve é uma vítima" (28 jul. 1993). Outro afirma: "Tomara que a terrível chacina desperte as nossas autoridades para uma solução urgente e principalmente humana, com relação ao abandono de nossas crianças" (*Jornal do Brasil*, 29 jul. 1993).

Uma das consequências das chacinas da Candelária e de Vigário Geral foi a criação, por Herbert de Souza, o Betinho, em dezembro de 1993, do Viva Rio, ONG que teve o apoio da população, de empresas e dos governos municipal, estadual e federal. O Viva Rio desenvolve campanhas de paz e projetos sociais em favelas e comunidades de baixa renda na Região Metropolitana do Rio de Janeiro.

Após as investigações conduzidas pela polícia, *O Dia* e *Jornal do Brasil* passaram a noticiar, a partir de 2 de agosto de 1993, a atuação dos promotores José Muiños Pinheiro Filho e Maurício Assayag, do 2º Tribunal do Júri. Os procuradores pediram a manutenção da prisão dos três policiais militares suspeitos de envolvimento na Chacina da Candelária. A imprensa reproduziu as críticas dos advogados aos procuradores sob o argumento de não terem cumprido os prazos legais em matéria judicial e de estarem produzindo provas antecipadas.

O jornal *O Dia* deu grande importância à atuação do promotor José Muiños, abrindo espaço para suas declarações, apresentadas em manchetes. Foram feitas também entrevistas, para que ele respondesse às acusações de apressar o processo, principalmente do advogado de defesa do tenente Marcelo Pereira Cortes.

No depoimento de Muiños à FGV/CPDOC, ele identifica a Chacina da Candelária como a oportunidade para a criação da Casa da Testemunha, onde foram colocadas as crianças que viviam no centro da cidade, não tinham onde dormir e tinham sido testemunhas do acontecimento. Em seguida foi criado o Programa Municipal de Proteção às Testemunhas, que teve a participação de Muiños. Logo depois, ele e outros procuradores começaram a reivindicar, junto ao procurador-geral de Justiça Hamilton Carvalhido, a criação de um Sistema Nacional de Proteção à Testemunha, votado no Congresso em 1998.

Muiños reconheceu durante a entrevista que o processo da Chacina da Candelária sofreu grande pressão por parte da imprensa, o que levou a graves erros. Dois anos depois, ficou provado que três dos quatro acusados do assassinato dos menores eram inocentes. Eles ficaram presos durante mais de dois anos.

Muiños considera que o fim do regime militar levou os procuradores a buscar respostas para a defesa dos direitos dos cidadãos. A imprensa desempenhou papel importante nesse processo, colaborando com o Ministério Público e facilitando o trabalho dos procuradores. Entretanto, deve existir a preocupação de não haver excessos nem prejulgamentos. Segundo Muiños, a imprensa percebe o Ministério Público como uma fonte de informações, como uma fonte para a produção de reportagens, não apenas sobre crimes passionais, mas sobre improbidade administrativa. A seu ver, a imprensa prejulga quando o inquérito civil acaba de ser instaurado. Reconhece que o Ministério Público chegou a muitos resultados positivos e deu respostas mais rápidas a determinados processos devido ao apoio da imprensa. Porém, vê com grande cautela a relação com a imprensa e chama a atenção para a vaidade que a exposição na mídia desperta no promotor ou procurador: "Às vezes eles extrapolam, querendo aparecer mais que o próprio caso". Por outro lado, a mídia ajuda na apuração, na obtenção de informações que muitas vezes não seriam acessadas pelos canais legais. A mídia consegue informações mais rápidas, não depende da burocracia a que está submetido o Ministério Público. O promotor, o procurador, de acordo com Muiños, têm de saber se relacionar com a imprensa, não se deixar envolver ou ser manipulados por ela. O Ministério Público deve estar presente nas comunidades, fazer política comunitária para atender às necessidades da população. De acordo com Muiños, é preciso criar o promotor comunitário: "O promotor tem que fazer acontecer. Será que a gente precisa esperar que o jornal noticie um problema para atuar? Agora é isso que está ocorrendo. A mídia é que está sendo a desencadeadora de muitas ações. O Ministério Público está agindo pautado pela imprensa".

Algumas questões sobre a atuação do Ministério Público

Uma das questões que devem ser formuladas sobre a atuação do Ministério Público é se ele vem cumprindo as expectativas que gerou na Constituinte de 1988, de se tornar um instrumento de inclusão social, garantidor da lei. O que parece indicar a atuação do Ministério Público é que ele, na verdade, se apresenta como uma instituição altamente burocratizada, rotineira e com baixos índices de eficiência. Existem exceções, e alguns promotores buscam cumprir as atribuições que lhes foram dadas pela Constituição. Essa nossa afirmação está baseada no trabalho realizado por Rosana Heringer, José Carlos Buzanello e Adriana Valle Mota (1994). Os autores trabalharam com 231 inquéritos de crimes contra crianças e adolescentes no ano de 1991, no Rio de Janeiro, e estudaram o andamento das investigações feitas pelas autoridades policiais e pelo Ministério Público. Uma primeira constatação é que esses crimes não tiveram repercussão na imprensa, fato que pode ser explicado porque foram praticados no interior do estado ou na Baixada Fluminense, pois as mortes foram individuais, as vítimas eram pobres e não houve pressão da comunidade sobre a polícia e o Ministério Público. Não havia advogados particulares representando os interesses das famílias das vítimas. A avaliação é a de que

> a polícia faz menos do que deveria e poderia fazer nestes casos de homicídio; e o Ministério Público, por sua vez, que deveria cobrar maior eficácia e celeridade do trabalho policial, limita-se na maioria dos casos a despachos lacônicos que apenas prorrogam prazos ou ratificam as solicitações do delegado.

Prosseguem os autores:

> Muitos foram os inquéritos em que se verificou negligência por parte tanto dos policiais quanto do Ministério Público. Há desde casos extremos — em que o inquérito tem o andamento apenas de dois meses (embora tenha sido recolhido para pesquisa um ano depois de instaurado), contendo o Registro de Ocorrência e uns poucos termos de declaração — até inquéritos que, apesar de bem instruídos, contêm falhas na solicitação de peças à polícia técnica, por exemplo, sem que o Ministério Público tenha se manifestado em relação às mesmas.

Na Chacina da Candelária, juízes e promotores alertavam para as falhas nas investigações, e *O Globo* (29 jul. 1993) trazia na primeira página a manchete "Inquérito malfeito pode absolver os acusados da chacina". A reportagem, na página 13, informava que juízes e promotores tinham afirmado que a investigação policial estava ignorando os personagens do cotidiano do local do crime. Segundo o juiz,

> a investigação tem que ser técnica e minuciosa, e não pode se deter apenas no apedrejamento de um carro da PM. Pelo contrário, tem que ouvir também porteiros e seguranças da área da Candelária, e consultar delegacias e o Juizado de Menores para saber se houve alguma ocorrência envolvendo as vítimas e os acusados.

Segundo eles, muitas provas e testemunhas estavam sendo deixadas de lado, e as acusações se baseavam somente em relatos dos meninos de rua. Isso tudo em função das pressões da sociedade.

Na apuração da Chacina da Candelária, aparecem com clareza os erros da polícia e do Ministério Público. Na pressa de apontar os culpados pela chacina, como exigiam o governo do estado do Rio de Janeiro e a imprensa, a Polícia Civil omitiu da Justiça as falhas de reconhecimento cometidas pelos sobreviventes do massacre. Um operador de vídeo da TV Manchete e um motorista da revista *Veja* foram reconhecidos, por erro, como autores da chacina. A polícia omitiu o fato da Justiça. Na Polícia Civil, quando as testemunhas indicavam figurantes — dando margem à hipótese de que elas não tinham condições de apontar com absoluta certeza quem eram os matadores —, a sessão era ignorada. Mas, se um policial militar fosse apontado pelas testemunhas, a sessão era válida. O policial recebia voz de prisão, a Polícia Civil lavrava o termo de reconhecimento positivo e o Ministério Público o denunciava. Um dos exemplos é do soldado Cláudio Luiz Andrade dos Santos, preso durante dois anos e oito meses, sem qualquer prova concreta de sua participação no crime (*O Dia*, 1-2 abr. 1996).

Deve-se observar que, do momento em que é cometido um crime até o julgamento, diversas fases devem ser percorridas. A primeira é a fase inquisitorial, realizada pela polícia judiciária, ou seja, pela Polícia Civil, que, embora pertencente ao Poder Executivo, tem delegação judiciária. É a fase de apuração, de indícios de autoria, de busca de provas. Depois, o inquérito é enviado ao Ministério Público, e tem início a segunda fase, que é a processual ou acusatorial — é a fase propriamente judicial. O Ministério Público vai estudar o inquérito investigativo, fazer a denúncia e enviá-la para o juiz. Na terceira fase, o juiz avalia os autos do processo e pode pará-lo por falta de provas e absolver o réu; pode considerar que faltam provas suficientes e pedir ao Ministério Público novas provas; pode, se considerar que há provas suficientes, levar o réu a julgamento no Tribunal do Júri (composto por pessoas leigas). Cabe ao promotor do Tribunal do Júri, em que tramita o processo, arguir a acusação.

Os sistemas inquisitorial e acusatorial seriam a fonte de conflitos entre as três instituições que participam do processo: a polícia judiciária, o Ministério Público e a magistratura.

A tese defendida pelos juristas Luis Terra e Délio de Paula (Romeo, 2002:100s) sustenta que é o setor criminal o que mais exige a presença de um Ministério Público forte e independente no que tange às investigações policiais, de forma a garantir o acesso à Justiça. Os promotores percebem a dificuldade de "controlar" um inquérito, de exercer as funções de fiscal da lei, de "perseguir o delito" e puni-lo, quando eles dependem das informações prestadas pela polícia, o que significa que o acesso ao Judiciário pela ação penal estaria bastante reduzido.

Para o pleno funcionamento do Ministério Público tal como proposto na Constituição de 1988 — autônomo, independente, responsável pela proteção dos interesses individuais, difusos, coletivos e do regime democrático —, tornava-se necessário criar instâncias institucionalizadas de mediação. O Ministério Público teria de sofrer uma reestruturação e eliminar os obstáculos que o impediam de cumprir suas obrigações em relação ao acesso à Justiça.

A Constituição de 1988 conferiu ao Ministério Público a possibilidade de participar da atividade policial (o inciso VII do art. 129 atribui ao Ministério Público o controle externo da atividade policial), mas nem todos os estados da Federação regulamentaram esse controle. O Rio de Janeiro foi o primeiro a discutir uma forma de exercer o controle externo da polícia e harmonizar o desempenho das duas instituições.

A partir de 1991 foram criadas, numa ação conjunta entre a Procuradoria-Geral da Justiça do Rio de Janeiro e a Corregedoria-Geral da Justiça, as centrais de inquérito. Elas levariam à reestruturação do Ministério Público estadual, que deveria sistematizar e cuidar dos inquéritos policiais, bem como produzir peças de informação. O promotor poderia investigar sem recorrer à polícia.

Na fase inicial de funcionamento das centrais, os promotores foram divididos entre promotores de vara e promotores de investigação penal. Os promotores de investigação penal foram alocados nas promotorias de investigação penal, mantinham contato direto com as delegacias de suas atribuições, acompanhavam as investigações e controlavam a atividade policial. As atividades das centrais seriam coordenadas por um promotor de Justiça ou por um procurador de Justiça, designados pelo procurador-geral.

O surgimento das centrais de inquérito se deu durante a gestão do procurador-geral de Justiça Antonio Carlos Biscaia. Foi durante sua gestão que se deu a apreensão de documentos que levou em seguida à prisão dos líderes do jogo do bicho no Rio de Janeiro, em 1994, que teve enorme repercussão nacional. Foi apreendida na casa do banqueiro do bicho Castor de Andrade uma lista com os nomes de políticos, policiais, empresários e artistas que recebiam dinheiro do contraventor. A prisão do bicheiro e do material que incriminou várias personalidades da vida pública foi atribuída à atuação do Ministério Público do Rio de Janeiro. A mídia deu grande destaque à eficiência desse órgão, resultado de um trabalho conjunto dos promotores com a Polícia Civil.

Entretanto, muitos argumentos contrários ao controle externo da atividade policial pelo Ministério Público se fizeram ouvir, e várias ações de inconstitucionalidade foram propostas pela Associação de Delegados do Rio de Janeiro. A partir de janeiro de 1998, com a Resolução nº 55, de dezembro de 1997, o Ministério Público perdeu a prerrogativa de controle sobre o inquérito penal e houve a volta ao trâmite original — o promotor tem de requisitar informações à polícia e cobrar do Poder Judiciário providências quando ocorre o descumprimento de uma tarefa importante para informar um processo. O Ministério Público voltou a ser uma instituição que depende do funcionamento do Poder Judiciário, as centrais de inquérito perderam grande parte de suas funções e os inquéritos voltaram para as mãos dos juízes.

Convém lembrar que a produção de provas em um inquérito criminal é fundamental e que, em muitos casos, é nessa fase que se define o rumo do processo. A relação entre a polícia e o Ministério Público, portanto, é crucial. Como indica a pesquisa realizada por Castilho e Sadek (1998),

> essa rejeição tão forte às tentativas do Ministério Público de concretizar a lei sugere que a Polícia tem investigado as infrações criminais com critérios exclusivos, erigidos por ela própria, sem ser molestada pelo Poder Judiciário. É um espaço de poder até agora intocado. Subordinação ao Ministério Público significaria perda de poder.

Ainda segundo a pesquisa, os integrantes do Ministério Público consideram que os insucessos na repressão penal estão relacionados à atuação da polícia, seja pela demora na investigação, seja pelo despreparo técnico. Outras dificuldades estariam ligadas à obtenção de informações protegidas pelo sigilo bancário e/ou fiscal, a falhas na administração em geral e a falhas no próprio Ministério Público.

A perda de controle do Ministério Público sobre a atuação da polícia poderia significar, para o então procurador de Justiça Antonio Carlos Biscaia (*O Globo*, 21 nov. 1997:7), a vitória da criminalidade. Segundo ele, a criação das centrais de inquérito era "um instrumento capaz de agir incisivamente, com agilidade e eficácia, para dar as respostas que a comunidade esperava diante de uma impunidade generalizada". De acordo com Biscaia,

> em quatro anos de trabalho, e a partir do zero, foram para a cadeia todos os *capi* do jogo do bicho, antes intocáveis frequentadores de gabinetes palacianos. No mesmo período, desbaratou-se a máfia da Previdência, levando à prisão juízes, procuradores do INSS e advogados, figuras de alto coturno, clientela que a sociedade não estava acostumada a ver com algemas.

Ele recorda ainda que, naqueles quatro anos, foi desarticulada e presa a maior quadrilha de extermínio existente dentro da Polícia Militar, por meio do acompanhamento rigoroso das investigações que se seguiram às chacinas da Candelária e de Vigário Geral.

A independência concedida pela Constituição de 1988 ao Ministério Público tem muitas objeções. O órgão tem recebido críticas por fazer uso partidário de suas prerrogativas legais, e muitos jovens procuradores têm exercido suas funções politicamente engajados. O jurista Miguel Reale Jr. declarou que a ausência de critérios objetivos para as ações do Ministério Público permite que promotores e procuradores desrespeitem a lei e manipulem investigações de acordo com suas convicções pessoais (*O Globo*, 1º abr. 2004).

O encerramento do processo da Chacina da Candelária se deu em 1998, cinco anos depois do ocorrido. Logo após a chacina, quatro pessoas foram presas e acusadas do crime: o ex-policial militar Marcus Vinícius Emmanuel, os policiais militares Cláudio dos Santos e Marcelo Cortes e o serralheiro Jurandir Gomes de França. Em 1996, Nelson Cunha confessou sua participação no crime e acusou seus colegas policiais Marco Aurélio Alcântara, Arlindo Lisboa Afonso Júnior e Maurício da Conceição, este assassinado em 1994. Desses, apenas três estão presos: Marcus Vinícius Emmanuel, Marco Aurélio Alcântara e Nelson Cunha. Arlindo foi condenado a dois anos de prisão porque uma das armas usadas foi encontrada em seu poder. Cláudio dos Santos, Jurandir Gomes de França e Marcelo Cortes foram inocentados com o depoimento de Cunha e absolvidos a pedido do Ministério Público. Cláudio e Jurandir foram indenizados pelo Estado por ficarem presos injustamente por quase três anos.

A mídia e as ONGs foram fundamentais para que o processo chegasse até o julgamento. Por outro lado, a mídia prejudicou o andamento do processo, por dar a ele um sentido de escândalo e exigir pressa na apresentação dos culpados, o que determinou o não aprofundamento das investigações. Como consequência, houve várias injustiças.

O jornal *O Dia* (23 jul. 2003) fez um balanço da tragédia da Candelária 10 anos depois e mostrou que a violência contra os meninos de rua prosseguiu, de acordo com os dados da artista plástica Yvonne Bezerra de Mello, que trabalhava com os menores de rua. Dos 62 menores que viviam na Candelária na época da chacina, 39 morreram de forma violenta e 18 sumiram.

Algumas questões sobre a atuação da mídia

As ações do Ministério Público têm atraído grande publicidade, e os promotores são apresentados pela imprensa como defensores da população, da Justiça e dos excluídos. A midiatização da Justiça, ao permitir maior visibilidade de alguns procuradores e juízes, lhes deu a possibilidade de serem eleitos para a Câmara dos Deputados, como Antonio Carlos Biscaia e Denise Frossard (eleitos para a legislatura de 2002-06). A grande exposição na mídia durante o processo das chacinas da Candelária e de Vigário Geral também ajudou Muiños a chegar a procurador-geral de Justiça do Rio de Janeiro (1999). Mas essa relação entre imprensa e procuradores nem sempre ocorre de forma harmoniosa, e são frequentes os conflitos.

Ao dar publicidade positiva à atuação dos procuradores, a mídia os situa em melhores condições de atingir postos mais elevados na carreira. Os procuradores buscam estabelecer boas relações com os jornalistas, o que não impede que notícias desfavoráveis possam atingir esses personagens. É preciso lembrar que há problemas relacionados com os graus de autonomia política e financeira dos veículos de comunicação diante dos poderes Executivo, Legislativo e Judiciário. Também não é possível ignorar as preferências políticas e ideológicas dos jornalistas. Nas disputas entre pares no Ministério Público, os jornalistas em alguns casos acompanham os conflitos internos do órgão e se posicionam diante deles.

Os jornalistas fazem pressão sobre os procuradores para obter informações sobre os processos em investigação, informações que muitas vezes não podem ser reveladas, já que comprometeriam o andamento do processo, sobretudo na fase de pesquisa de indícios materiais ou em casos de presunção de inocência. Alguns jornalistas colaboram com os procuradores quando estes pedem para guardar segredo sobre determinados aspectos da investigação, mas outros preferem criticar o trabalho dos procuradores e aproveitam a ocasião para mostrar as deficiências do Ministério Público.

Os meios de comunicação se ocupam principalmente ou quase exclusivamente das ações penais, e eventualmente de outras áreas jurídicas como a civil e a comercial. A imprensa trabalha para que um acontecimento tenha desfecho rápido e os culpados sejam identificados em um curto período; ou seja, trabalha com a lógica do espetáculo que exige uma trama, com personagens desempenhando papéis do bem e do mal. A imprensa seleciona e dá um tratamento aos acontecimentos de acordo com a orientação do veículo e do público a que se destina. Os jornais privilegiam, hoje, as notícias sobre temas político-financeiros e que tenham o envolvimento de personalidades da vida pública. Crimes, assaltos, conflitos, que ocorrem cotidianamente, só têm destaque quando despertam fortes emoções na população, quando apresentam grande intensidade dramática. A imprensa dá destaque quando o acontecimento envolve um grande número de mortes, mas casos individuais, de pessoas pobres, não têm espaço privilegiado no noticiário. O jornal *O Globo* (28 jul. 1993), após a Chacina da Candelária, apresentou as estatísticas da Secretaria de Polícia Civil: em junho de 1993, foram assassinados 53 menores; no primeiro semestre de 1992, 175 menores, e, no segundo semestre, 298 menores, tendo 66,8% dos crimes acontecido na capital. Mas esses crimes ocorreram individualmente, sem repercussão na imprensa.

O jornalismo de investigação encontrou no Judiciário um grande aliado e, na medida em que se especializou nas denúncias dos desvios ético-administrativos das elites políticas e administrativas, encontrou repercussão nas camadas médias da sociedade. O sucesso da imprensa nas denúncias de corrupção pode levar a um maior controle democrático sobre as instituições políticas. Porém, as críticas à atuação da imprensa vindas de políticos e administradores nos momentos de grandes derrapagens da informação propiciaram tentativas de controle da imprensa.

Finalizando, pode-se afirmar que as dificuldades enfrentadas pelo Ministério Público para responder positivamente às funções que lhe foram atribuídas pela Constituição de 1988 enfraquecem sua capacidade de garantir aos cidadãos o acesso à Justiça. A análise da cobertura da imprensa nos dois acontecimentos aqui selecionados parece indicar que ela busca desempenhar um papel pedagógico de levar ao público o entendimento de seus direitos e de estimular a reivindicação de justiça e de inclusão social (Lima e Guazina, 2004).

Referências

ARANTES, Rogério Bastos. Direito e política: o Ministério Público e a defesa dos direitos coletivos. *Revista Brasileira de Ciências Sociais*, v. 14, n. 39, p. 83-102, fev. 1999.

CASTILHO, Ella Weicko V. de; SADEK, Maria Tereza. *O Ministério Público Federal e a administração da Justiça no Brasil*. São Paulo: Sumaré, 1998.

CHAIA, Vera; CHAIA, Miguel. (Org.). *Mídia e política*: estudos de pós-graduação em ciências sociais. São Paulo: PUC-SP, 2000.

CHARON, Jean-Marie; FURET, Claude. *Un secret si bien violé*: la loi, le juge et le journaliste. Paris: Seuil, 2000.

HERINGER, Rosana; BUZANELLO, José Carlos; MOTA, Adriana Valle. *Voltar a morrer*. Rio de Janeiro: Unicef; Vice-Governadoria do Estado do Rio de Janeiro, 1994.

KERCHE, Fábio. O Ministério Público e a Constituinte de 1987/88. In: SADEK, Maria Tereza (Org.). *O sistema de Justiça*. São Paulo: Idesp; Sumaré, 1999.

LIMA, Venício A. de; GUAZINA, Liziane. "Responsabilidade social" em tempos de crise: novo oficialismo do *Jornal Nacional*? In: ENCONTRO ANUAL DA ANPOCS, XXVIII. *Anais*... Caxambu, 2004.

LOPES, Júlio Aurélio Vianna. *Democracia e cidadania*: o novo Ministério Público Brasileiro. Rio de Janeiro: Lumen Juris, 2000.

MAZZILLI, Hugo Nigro. *O Ministério Público na Constituição de 1988*. Rio de Janeiro: Saraiva, 1989.

O'DONNELL, Guillermo. *Accountability* horizontal e novas poliarquias. *Lua Nova*: revista de cultura política, n. 44, p. 27-54, 1998.

SADEK, Maria Tereza (Org.). *Justiça e cidadania no Brasil*. São Paulo: Sumaré; Idesp, 2000.

____ (Org.). *Acesso à Justiça*. São Paulo: Fundação Konrad Adenaeur, 2001.

SOARES, Rosângela Dayse Nery. *A Chacina da Candelária e a mídia*: discursos sobre o extermínio de crianças e adolescentes na cidade do Rio de Janeiro — TCC (graduação em serviço social), Rio de Janeiro, UFRJ, 2002.

Periódicos

O Dia. Rio de Janeiro, 23 jul. a 9 set. 1993; 1º abr. 1996; 1º abr. 2005.

O Globo. Rio de Janeiro, 23 jul. a 11 set. 1993; 28 abr. 1997; 1º jul. 2003.

Jornal do Brasil. Rio de Janeiro, 23 jul. a 9 set. 1993; 28 abr. 1997.

Veja. São Paulo, 28 jul. a 22 dez. 1993.

Entrevistas

Denise Frossard. Entrevista à autora. Rio de Janeiro, 21 ago. 2005.

José Muiños Pinheiro Filho. Entrevista à FGV/CPDOC. Rio de Janeiro, 14 maio 2003; 20 maio 2003; 3 jun. 2003; 11 jun. 2003.

11 OS ANJOS E OS DEMÔNIOS DA REVISTA *VEJA*: UM DISCURSO CONTRA A CENSURA*

Este texto apresenta a construção do discurso da *Veja* — revista semanal pertencente ao grupo editorial Abril, de Victor Civita — diante dos mecanismos de repressão e censura durante o regime militar.[1] A censura à *Veja* teve duas fases: a primeira, de 1968 a 1973, e a segunda, de 1974 a 1976. Nos primeiros anos, a censura foi intermitente e não tão rigorosa como a que era imposta aos demais jornais e revistas. Entretanto, exatamente durante o governo do general Ernesto Geisel (1974-79), quando se iniciava uma fase de abrandamento da censura, a *Veja* foi severamente cerceada — um censor lia toda a edição antes de seu envio para publicação.

Para entender as medidas que atingiram a revista, devemos lembrar que, quando ocorreu a derrubada do governo constitucional de João Goulart e os militares assumiram o poder, em 31 de março de 1964, esses acontecimentos trouxeram consigo o

---

* Texto apresentado no VII Encontro Regional de História (Anpuh), Rio de Janeiro, 7-11 de outubro de 1996.

[1] A pesquisa cobriu o período de 1968, quando foi lançada a revista, até 1976, quando a censura prévia à revista praticamente deixou de existir.

perigo da censura à imprensa. Mas foi apenas com a Lei de Imprensa de março de 1967 que o Estado passou a dispor de mecanismos legais para impor a censura. De acordo com a lei, era crime: a divulgação de notícias falsas capazes de pôr em perigo o nome, a autoridade, o crédito ou o prestígio do Brasil; ofensas à honra do presidente de qualquer dos poderes da União; a incitação à guerra ou à subversão da ordem político-social, à desobediência coletiva às leis, à animosidade entre as Forças Armadas, à luta entre as classes sociais, à paralisação dos serviços públicos, ao ódio ou à discriminação racial; a propaganda subversiva; o incitamento à prática de crimes contra a segurança nacional. Para o julgamento de tais delitos, passou a ser competente o foro militar (Costella; 1984; Soares, 1989). O Ato Institucional nº 5, de 13 de dezembro de 1968, agravou ainda mais a situação da imprensa. Por esse ato o presidente da República tinha poderes para impor a censura prévia aos meios de comunicação desde que tal procedimento fosse considerado "necessário à defesa da Revolução".

Os primeiros confrontos com a censura

A partir do número 15, ou seja, da semana da promulgação do AI-5, a *Veja* começou a ser censurada. Esse número foi apreendido nas bancas sob o pretexto de que trazia uma fotografia do general Costa e Silva sentado no plenário da Câmara vazio e sozinho. A censura considerou a fotografia uma fotomontagem.

Entretanto, durante o ano de 1969, a revista sofreu uma censura não ostensiva, o que lhe permitiu divulgar, ao longo dos governos dos generais Costa e Silva e Garrastazu Médici, notícias consideradas proibidas, sobre temas como atividades repressivas, prisões políticas, estouro de aparelhos, tortura, morte de opositores do regime militar, guerrilhas, assaltos a bancos, sequestros políticos, censura aos veículos de comunicação. Em 3 de dezembro de 1969, a capa tinha como título "Presidente não admite torturas" e dentro havia a matéria "A violência fora da lei". Segundo Carta (Marconi, 1980:86), a reportagem fazia referência a um assessor presidencial, na verdade Otávio Costa — da Assessoria Especial da Presidência da República (Aerp) —, que declarara a um repórter que o "presidente não admitia torturas". Dizia a matéria:

> O presidente Garrastazu Médici determinou aos órgãos responsáveis pela segurança pública e o combate à subversão — vários deles acusados de torturar presos políticos e até simples suspeitos depois inocentados — que devem rever imediatamente seus esquemas de repressão e pôr fim ao uso de métodos violentos.

No número seguinte, de 10 de dezembro, a capa trazia como título "Torturas" e continha uma grande reportagem sobre a morte do estudante de medicina Chael Schreier, de 23 anos, morto sob tortura pela polícia. Essa edição foi apreendida nas bancas.

Até então as matérias publicadas pela *Veja* pareciam indicar que ela não sofria o mesmo tratamento repressivo dado pelos órgãos de segurança aos outros jornais e revistas, que tiveram de se render à rígida censura imposta pelos militares. Na verdade, essas reportagens sobre tortura determinaram a entrada dos militares no controle dos textos políticos, e não de toda a revista. Como mostra Márcia R. Lisboa (1994:26), alguns jornais, como *O Estado de S. Paulo* e *Jornal do Brasil*, tentaram, e algumas vezes conseguiram, denunciar notícias censuradas publicando receitas culinárias absurdas no lugar de matérias, deixando espaços em branco, estabelecendo relações simbólicas entre a previsão do tempo e a decretação do AI-5 etc.

Em 1972, a revista denunciou, ou noticiou, por exemplo, que o Serviço de Censura e Diversões Públicas revelara o resultado de "suas cuidadosas atividades em 1971", que foram as seguintes, no setor cinematográfico: "Por atentarem contra a moral e os bons costumes foram proibidos em todo o país onze filmes nacionais e catorze estrangeiros". Por conterem matéria contrária "ao interesse e à segurança nacional", foram proibidos outros nove, três nacionais e seis estrangeiros. A notícia já falava das estatísticas de 1972, em que havia duas proibições. Em 17 de maio de 1972, a revista informava que o ministro das Comunicações, Hygino Corsetti, deveria se reunir com o da Educação, Jarbas Passarinho, e com o da Justiça, Alfredo Buzaid, para estabelecer "as normas de conduta" da televisão. Entre elas, a revista indicava que os ministros pediriam a gravação de todos os programas, inclusive os de auditório, para passarem pela censura ou serem censurados pelas próprias estações, por intermédio de "revisores" próprios, ou seja, autocensores. A notícia dizia ainda que eles iriam transferir a responsabilidade da definição de bom e mau para as emissoras de TV e que com isso "ninguém poderia reclamar que a censura não tem gabarito para julgar". O ministro concluiu afirmando que, "se as emissoras conquistarem a confiança do governo, não precisaremos mais nos preocupar com elas". Diante dessas afirmações, o diretor-geral da Rede Globo, Walter Clark, reagiu dizendo que, "se tenho que fazer autocensura, então é melhor que eu seja censurado".

Por essas notícias, o público leitor da *Veja* estava sendo informado da ação do governo de violentar o direito de informação. Podem-se acrescentar outros temas considerados tabus e que foram divulgados pela revista: por exemplo, os resultados da pesquisa do americano Albert Fishlow, da Universidade de Harvard, que apresentou em entrevista uma análise da distribuição de renda no Brasil na qual concluía que ela era uma das mais desiguais da América Latina.

Os sequestros, as mortes, os assaltos a bancos e a empresas por parte dos guerrilheiros eram apresentados na revista na maior parte das vezes como transcrições dos comunicados oficiais distribuídos pelos órgãos de segurança à imprensa. Assim, no dia 21 de junho de 1972, sob o título "Subversão. Tiros na Mooca", era veiculada a informação de um assalto praticado por guerrilheiros a uma firma em São Paulo, no bairro da Mooca. A notícia se resumia a uma transcrição da ocorrência policial da seguinte forma:

> 1. Dia 12 do corrente, segunda-feira, a firma D. F. Vasconcelos foi assaltada por um grupo de terroristas que roubaram a quantia de CR$ 130.000,00 deixando no local vários panfletos e inscrições de cunho subversivo.
> 2. Tendo em vista tratar-se de ação efetuada por terroristas, os órgãos de segurança iniciaram imediatamente as investigações visando à prisão do grupo terrorista. [...] Na manhã de hoje, 14 de junho, foram localizados 4 dos 5 terroristas. [...] os agentes de segurança aproximaram-se dos terroristas, dando-lhes voz de prisão, tendo os citados terroristas prontamente reagido a bala de armas automáticas e metralhadoras.

A notícia trazia os nomes dos mortos e o do que conseguiu fugir. Não há nenhum questionamento quanto à veracidade das informações transmitidas pela polícia nem comentários sobre o ocorrido.

A revista deu grande cobertura ao sequestro do embaixador norte-americano Charles Burke Elbrick, aos presos políticos que foram trocados pelo embaixador e à morte de Carlos Marighella, assim como a outros sequestros e prisões dos principais líderes dos movimentos de luta armada.

Em 1972, durante alguns meses, a redação passou a contar com a presença de um censor. Mas, a partir de setembro, a direção foi informada de que se confiava "na responsabilidade editorial da Abril, a fim de que áreas proibidas não sejam abordadas".

Distensão e momentos difíceis

Graças às resistências e pressões da sociedade civil, e às tentativas da imprensa de desobediência às ordens repressivas, o grupo do general Geisel, que substituiu o general Médici na Presidência da República, deu início ao processo de liberalização política do governo militar. Sob o lema de uma "distensão segura, lenta e gradual", Geisel procurou impor ao grupo mais radical dos militares a aceitação da abertura do regime. Mas todos os instrumentos que permitiam violentar a liberdade de imprensa continuaram em vigor durante seu governo, como a Lei de Imprensa de 1967, o AI-5, a Lei de Segurança Nacional e outras portarias.

O projeto político desse novo grupo no poder, como mostra Celina Rabello Duarte (1983:182), foi uma tentativa de

> controlar uma série de disfunções surgidas do próprio esforço realizado na consolidação do regime autoritário, tais como a erosão da legitimidade, a precariedade dos canais de *feedback*, a eminência de uma paralisia decisória frente à excessiva centralização do poder e a formação de uma oposição bipolarizada.

Por outro lado, o combate ao comunismo e o crescimento econômico, que tinham congregado a elite política e econômica em torno dos militares, dando ao regime sustentação e legitimidade, eram temas que não mais traziam consenso. O "milagre econômico", antes motivo de orgulho nacional, passou a ser motivo de descontentamento tanto entre empresários quanto entre as classes médias e baixas devido às distorções introduzidas por esse modelo econômico, com a agravante da crise internacional do petróleo.

A distensão do governo buscou usar a imprensa como um dos mecanismos de ação política capazes de solucionar os impasses a que o regime estava submetido, já que a imprensa podia constituir a cadeia de transmissão para os demais setores a serem atingidos pelo projeto.

A suspensão da censura à imprensa começou a se concretizar logo após a posse do governo Geisel, em março de 1974. Foi nesse exato momento que a *Veja* passou a sofrer forte censura. A revista tinha de ser enviada para o censor da Polícia Federal, Richard Bloch.

O pretexto para essa atitude do governo estaria relacionado, segundo alguns jornalistas, à nota sobre a indicação de dom Helder Câmara para o Prêmio Nobel da Paz, publicada em 6 de fevereiro de 1974. Dois dias depois, o censor já lia todas as matérias. Outros consideram que o pretexto teria sido a coluna de Millôr Fernandes, que em uma charge mostrava um torturado rodeado de carimbos oficiais, "urgente", "confidencial", "depósito", "resgate total" etc., e embaixo da página, escrito em tinta vermelha, à mão, "Nada consta" (9 jan. 1974:15, "Millôr e os trâmites"). O pretexto também poderia estar ligado ao fato de que os militares da "linha dura" não admitiram a reportagem publicada em novembro de 1973 sobre a censura. Era o resumo do documento a ser encaminhado ao Conselho de Defesa dos Direitos da Pessoa Humana, em que estavam relacionados os órgãos submetidos à censura prévia e permanente. A revista informava ainda que todos os periódicos recebiam avisos telefônicos sobre assuntos que não deveriam ser divulgados e mostrava a falta de critério para as proibições e cortes dos textos jornalísticos. O não acatamento das proibições fez com que muitas vezes Mino Carta fosse chamado a prestar esclarecimentos sobre matérias que não obedeciam às regras da censura.

Na verdade, a censura à *Veja* refletia a tensão que existia entre o grupo Geisel, favorável a uma liberalização política do regime, e o grupo mais radical, que defendia a manutenção da censura e o controle político. Outros jornais, como *O Estado de S. Paulo*, que deixara de ter censura prévia no início de 1974, logo depois voltaram a ter de conviver com esse tipo de violência. Como mostra Celina R. Duarte (1983:190),

> a liberalização da imprensa tomou um ritmo irregular, alternando-se momentos de liberdade com momentos de repressão. Esse ritmo acompanhou de perto o conflito interno pelo poder. Se para atender à "linha dura" punia-se a imprensa, por outro lado, o próprio Geisel incentivava o rompimento do círculo censório.

A revista nesse período entrou na fase da "demonologia". No início de 1974, portanto antes mesmo da posse de Geisel, começou a falar dos demônios, com debate sobre o filme americano *O exorcista* (20 fev. 1974). Logo em seguida, na coluna de Millôr Fernandes, parte do texto foi substituída por desenhos medievais de diabos. Esse número, utilizado para denunciar a censura, recebeu do general A. Bandeira, diretor-geral do DPF/Brasília, um comunicado, retransmitido à revista pelo censor Richard Bloch, de que não podia haver "substituição inadequada" quando qualquer matéria sofresse "corte" parcial ou total. De acordo com a nota, "os diabos" constantes na página 22 da edição 285 evidenciavam *censura de matéria*. O preenchimento do "espaço censurado" poderia ser efetuado com fotos relativas à matéria divulgada, porém de "teor neutro". O comunicado do general ainda dizia que "não se justifica que abaixo da notícia s/o Min. Passarinho e ao lado da inauguração de 2000 km de asfalto apareçam duas figuras demoníacas".

O número da revista que tratou da posse de Geisel (20 mar. 1974) trazia nas páginas amarelas as explicações de dois exorcistas da diocese de Roma sobre o diabo e a maneira de combatê-lo. Nesse mesmo número, na seção "Carta aos Leitores", Mino Carta falava da volta dos anjos e do período dominado pelas "demoníacas figuras do vizir Salah Al-Pinh, o Feio, e do chefe dos seus janízaros, o cavaleiro Drapeau". Um suposto diálogo entre o teólogo padre Sean e o representante da *Veja* termina da seguinte forma:

> Padre Sean — Mas é evidente que num momento tão fluido era preciso usar de prudência e paciência. Belas virtudes.

Eu — Mas até quando foi preciso recorrer a tanta milimétrica cautela?
Padre Sean — Não sei ainda. Mas eu lhe recomendo as mesmas virtudes, porque espero que dias melhores cheguem.
Eu — O senhor é otimista.
Padre Sean — Sou. Ou melhor, tenho esperança.
Eu — Quando, padre? Quando os anjos voltarão?
Padre Sean — Compartilhe a minha esperança, meu filho.

Em depoimento a Paolo Marconi (1980:87), Mino Carta lembra que, ao se aproximar a posse de Geisel, teve duas conversas com Armando Falcão, que seria depois nomeado ministro da Justiça, nas quais este informou que havia por parte do futuro governo a intenção de mudar um pouco as regras do jogo. O novo governo tinha uma proposta de distensão política. Foi nesse momento que Carta escreveu sobre a "volta dos anjos".

De acordo com o jornalista Marcos Sá Corrêa, que era da redação da *Veja* e viveu esse período, o uso das figuras dos diabos foi uma solução de emergência para fechar a revista, já que os textos voltavam do censor cheios de buracos, ou seja, com partes censuradas, e em geral não restava tempo hábil para substituir a reportagem ou completar o texto. Ele foi, em grande parte, responsável pela seleção e pesquisa dos diabos (entrevista, 12 fev. 1996).

O que se observa a partir da introdução da "cultura demoníaca" é que a revista deixou de informar os fatos e acontecimentos mais importantes do período. Só como exemplo, podemos apontar a ausência de notícias sobre um dos momentos de maior confronto entre os grupos mais radicais e o grupo Geisel: a crise político-militar que levou à demissão do comandante do II Exército, Ednardo d'Ávila Melo. Não há nenhuma notícia sobre a morte do jornalista Vladimir Herzog sob tortura, em 25 de outubro de 1975, nem do operário Manuel Fiel Filho, em janeiro de 1976. A edição de 28 de janeiro de 1976 relata a troca do comandante do II Exército, a posse de Dilermando Monteiro, sem que haja uma única referência às causas dessa alteração. O acontecimento foi noticiado amplamente pela imprensa, salvo por alguns jornais e revistas que continuavam submetidos à censura, como a *Veja*.

O sistema de repressão começou a declinar a partir desse episódio, mas intensificou-se a pressão sobre a direção da revista para que ela abandonasse seu modelo de jornalismo crítico e de humorismo cáustico e se tornasse mais de acordo com a orientação do regime. A saída de Mino Carta, seu diretor de redação, teria sido a exigência após esses acontecimentos, em fevereiro de 1976. Ou seja: abertura sim, mas sob total controle dos militares.

A editora Abril não resistiu às pressões para se livrar da censura prévia e obter um empréstimo do governo federal. Esse era outro lado perverso do regime autoritário. Os meios de comunicação tiveram de se modernizar, os governos militares implantaram um sistema de informação capaz de "integrar" o país e para isso estimularam a formação de vastas redes, o que exigia grandes investimentos. Foi nesse período que se deu a formação dos oligopólios da informação e os recursos foram obtidos do governo. Não se pode esquecer que, nesses anos de censura, os jornais já dependiam fundamentalmente da publicidade para sobreviver, e os maiores anunciantes eram os órgãos estatais.

Marcos Sá Corrêa, ao falar desse período, lembra que foi chamado para preparar a edição da década de 1970 da *Veja*, quando não fazia mais parte de seus quadros. Nesse momento, deu-se conta de que nada de importante que ocorrera estava na revista: "Quer dizer, a década que estava na minha memória não era a década que eu tinha imprimido. O censor tinha ganho em todas as circunstâncias". De fato, não é possível pela leitura dos números daquele período (a censura termina na revista em 3 de junho de 1976) recuperar o que de mais importante se passou na política do país. Marcos afirma: "E nós éramos os cretinos da história. Colocávamos o diabo e achávamos que isso estava passando a informação para o público de que estava havendo censura" (entrevista, 12 fev. 1996). Mas para o leitor, diz ele, o essencial era saber que estava havendo tortura, luta sucessória etc. E isso não foi noticiado.

Conclusão

Os dados levantados sobre a forma como a revista *Veja* foi censurada durante o regime militar indicam que havia diferentes fatores e critérios para impor o controle das notícias e informações ao público, que não atingia com a mesma intensidade os jornais e revistas. O tratamento diferenciado dado aos jornais e revistas estaria ligado em parte à falta de homogeneidade nos critérios adotados pelos censores, em parte a uma política deliberada de permitir a divulgação de notícias por um veículo e impedi-la por outros.

A revista parece ter sofrido, na primeira fase analisada, uma intervenção mais branda, comparada a outros veículos de informação. Uma explicação talvez resida na forma como ela se pautava na apresentação das notícias "censuradas". Em geral, os fatos eram construídos de maneira linear. A revista era feita de forma altamente profissional, mas não se destacava por uma linha política definida.

Outro ponto que sobressai deste estudo é a forma como a revista construiu seu discurso para sobreviver à censura — discurso que claramente não atingiu seus objetivos, já que apenas os iniciados eram capazes de decifrar os enigmas apresentados pelos jornalistas. Os diabos levaram a melhor e não permitiram que os anjos abrissem suas asas sobre a *Veja*.

Referências

COSTELLA, Antonio. Lei da imprensa. In: BELOCH, Israel; ABREU, Alzira Alves de (Coord.). *Dicionário histórico-biográfico brasileiro.*

Rio de Janeiro: Forense Universitária; Finep; FGV/CPDOC, 1984. 4 v.

DUARTE, Celina Rabello. Imprensa e redemocratização no Brasil. *Dados*, Rio de Janeiro, v. 26, n. 2, p. 181-195, 1983.

LISBOA, Márcia R. *Jornalista*: passageiro — as relações de trabalho dos profissionais da notícia na grande imprensa atual. Dissertação (mestrado), UFRJ, Rio de Janeiro, 1994.

MARCONI, Paolo. *A censura política na imprensa brasileira 1968-1978*. São Paulo: Global, 1980.

SOARES, Gláucio Ary Dillon. A censura e o regime autoritário. *Revista Brasileira de Ciências Sociais*, v. 4, n. 10, p. 21-43, jun. 1989.

Periódico

Veja. São Paulo, 9 jan. 1974 ("Millôr e os trâmites", p. 15); 20 fev. 1974; 20 mar. 1974.

Entrevista

Marcos Sá Corrêa. Entrevista à FGV/CPDOC. Rio de Janeiro, 12 fev. 1996.

12 O JORNALISMO COMO OBJETO DE ESTUDO*

Ao observarmos a relação entre história e jornalismo, a primeira constatação é que os estudos sobre a mídia e sobre os jornalistas, elaborados pelos historiadores e cientistas sociais, são muito recentes. Até os anos 1980, os historiadores e cientistas sociais não se interessavam em analisar o papel dos meios de comunicação de uma perspectiva interdisciplinar. Luis Felipe Miguel (2000), no artigo "Retrato de uma ausência: a mídia nos relatos da história política do Brasil", analisa quatro livros publicados recentemente e mostra a "quase completa ausência da mídia nas narrativas da história política do Brasil, do período de 1930 para cá".

A participação da mídia em todos os acontecimentos políticos, econômicos, sociais e culturais é incontestável. Entretanto, parece evidente a dificuldade de integrá-la nas análises do sistema de poder e nos estudos de práticas profissionais. Essa dificuldade está em parte relacionada aos próprios conceitos e modelos de interpretação

* Parte deste texto foi apresentada no V Encontro Nacional de Pesquisadores em Jornalismo. Universidade Federal de Sergipe, Aracaju (SE), 15-17 de novembro de 2007.

da história e das ciências sociais, formulados em período anterior à importância assumida pelos meios de comunicação de massa na vida política. Os temas que integram a agenda dos debates teóricos da atualidade foram praticamente formulados no século XIX e no início do XX pelos pais fundadores das ciências sociais: Karl Marx, Max Weber, Émile Durkheim, Georg Simmel e outros analistas do desenvolvimento capitalista industrial. Eles nos legaram instrumentos de análise que ainda hoje constituem a base para a explicação dos fenômenos sociais e políticos, mas são reduzidas suas contribuições no que diz respeito aos meios de comunicação.

Ao analisarmos as crises políticas e os acontecimentos que marcaram a história brasileira contemporânea, uma constante é a ausência de um ator fundamental, a mídia. Quem estuda a crise que levou ao suicídio de Getúlio Vargas em 1954, por exemplo, não encontra estudos específicos sobre o comportamento da imprensa e do rádio no desenrolar desse acontecimento. Todos os estudos utilizam a imprensa como fonte de informação para suas explicações sobre a crise política, mas faltam análises sobre a influência que ela exerceu sobre os rumos dos acontecimentos, bem como sobre as transformações que ocorreram no jornalismo e na prática dos jornalistas em consequência da cobertura desse episódio.

O mesmo pode ser dito em relação ao período desenvolvimentista de Juscelino Kubitschek. Os estudos se concentraram nas orientações políticas do desenvolvimento e da industrialização, na construção de Brasília, no endividamento do país etc. Quando buscamos reflexões que nos ajudem a entender como a mídia construiu uma imagem positiva do governo e como ajudou a formular o mito "Anos Dourados", nada encontramos.

Também quando analisamos a derrubada do governo constitucional de João Goulart, em 1964, e a instalação do regime militar, verificamos que raros são os estudos que dão conta do papel da mídia nesse acontecimento. Ela foi um dos vetores da divulgação do fantasma do comunismo, utilizado como uma das principais justificativas para a derrubada do governo. Constatamos a total ausência de estudos que avaliem o papel que a imprensa desempenhou em todo o processo e destaquem as diferentes posições assumidas pelos diversos veículos de comunicação.

Mais recentemente, ao estudarmos a transição política brasileira que teve início em 1974, quando assumiu o poder o general Ernesto Geisel, verificamos que as explicações dos historiadores e cientistas sociais atribuem papel preponderante ora às lideranças militares, ora às lideranças e partidos políticos e à competição eleitoral, ora às lideranças da sociedade civil — como a Ordem dos Advogados do Brasil, a Associação Brasileira de Imprensa, a Confederação Nacional dos Bispos do Brasil —, ora às lideranças sindicais e empresariais. Nas pesquisas sobre a transição democrática no Brasil, feitas nas áreas de história e ciências sociais, à exceção do trabalho de Celina Rabello Duarte (1983), a mídia não mereceu a atenção dos estudiosos. No entanto, é evidente a importância que teve na luta pela volta à democracia. Mídia e jornalistas empregaram diversas estratégias para denunciar a censura, a opressão dos militares e a política econômica então adotada, o que funcionou como fator de enfraquecimento da legitimidade do Estado, vindo a favorecer a redemocratização do país.

Como explicar essa ausência? A resposta deve ser buscada, entre outras explicações, na forma como a mídia é percebida pelos estudiosos e pela sociedade. Ela parece ser vista predominantemente como formada por agentes que têm uma posição subordinada em relação às suas fontes, como simples reprodutora de um discurso proveniente de outros atores e outras instituições. Ela não teria o papel de construtora do fato que divulga. Essa perspectiva está no centro de certas apropriações das teses marxistas, que analisaram a mídia como aparelhos ideológicos a serviço da classe dominante, garantidores de seu poder de dominação. Essas análises, contudo, não deram conta do papel que a mídia desempenhou no processo político.

Outro fator que pode ser apontado para as razões da lacuna sobre a atuação da mídia é a inexistência, até os anos 1970, de uma produção intelectual que mostre sua inserção no processo político nacional, que reconstitua sua história, que analise a diversidade da atuação das emissoras de rádio e televisão, dos jornais e revistas. Constata-se a precariedade de estudos sobre seus profissionais e suas relações com o poder. Deve-se lembrar que sempre existiu uma literatura produzida por jornalistas que relatava as experiências e atividades da imprensa. Esses ensaios muitas vezes embasaram a elaboração de estudos acadêmicos. Historiadores e cientistas sociais também usaram extensamente as informações da mídia para construir suas análises sobre diferentes temas, como sindicatos, movimento operário, partidos políticos, pensamento político e redemocratização; ou seja, utilizaram a imprensa como fonte histórica. Mas o fato é que não se encontram análises ou mesmo indicações da posição que a mídia ocupou nesses processos. A mídia em si não foi vista como objeto de estudo. Como aponta Capelato (1988), até a primeira metade do século XX "os historiadores brasileiros assumiam duas posturas distintas com relação ao documento-jornal: o desprezo por considerá-lo fonte suspeita, ou o enaltecimento por encará-lo como repositório da verdade. Neste último caso a notícia era concebida como relato fidedigno do fato". A autora conclui que nem uma nem outra postura podem ser aceitas na atualidade. A mídia nem é um transmissor imparcial dos acontecimentos nem é desprezível pela sua subjetividade.

No caso do período de transição para a democracia no pós-1974, a ausência de estudos sobre a atuação da mídia nesse processo pode estar ligada ao argumento de que ela teria sido conivente com o regime autoritário e mera difusora das propostas dos militares, inclusive na fase de abertura política. Esse argumento deve ser superado em prol de uma melhor compreensão do complexo jogo político e das estratégias utilizadas pelos diversos atores envolvidos.

Estudos sobre jornais e revistas existem desde o final do século XIX. Em geral, mostram as orientações políticas da imprensa e o perfil de seus colaboradores. Podemos citar Alfredo de Carvalho, historiador pernambucano que fez pesquisas sobre o itinerário da imprensa brasileira no início do século XX, ou Nelson Werneck Sodré, autor de *História da imprensa brasileira*, publicado em 1966, uma das poucas fontes para o estudo do tema até os anos 1970; ele sofreu sérias restrições por trabalhar com conceitos marxistas. Tivemos a contribuição de Barbosa Lima Sobrinho, Edmar Morel, Edgard Leuenroth[1] e outros, que permitiram a construção da história da imprensa no Brasil. Mais recentemente devemos lembrar os trabalhos de José Marques de Melo, que tem dado enorme contribuição para o conhecimento da história da imprensa, em especial com o Inventário da Pesquisa em Comunicação no Brasil (1883-1983), valiosa fonte para os estudiosos da mídia. Melo é um dos mais importantes pesquisadores dedicados ao resgate da memória da imprensa.

Mas foi a partir dos anos 1980-90 que historiadores e cientistas sociais se interessaram pela mídia, especialmente pela televisão e sua influência nos resultados eleitorais. A televisão e sua influência no comportamento político abriram um novo horizonte para historiadores e cientistas sociais. Ela se tornou o espaço de atuação do ator político e da política, onde se travam os debates e se dão as mediações entre o público e os políticos. A política sofreu forte influência do poder da mídia de massa audiovisual, da televisão. O estilo político foi totalmente renovado. As lógicas da televisão obrigaram os políticos a se adaptar às novas regras para difundir seu discurso. Os efeitos da mídia sobre a campanha eleitoral e o voto são extremamente complexos, e a interação entre políticos, mídia e público exigiu novas interpretações. Historiadores, antropólogos, sociólogos

[1] Edgard Leuenroth foi jornalista e atuante no movimento anarquista. Deixou importante documentação sobre o movimento operário da primeira metade do século XX.

e críticos literários começaram a se preocupar com as mudanças ocorridas nas últimas décadas, focalizando seus estudos na forma de construir a notícia, na linguagem, na modernização das redações e nas alterações introduzidas na estrutura das empresas. Pouco foi feito em relação ao papel dos jornalistas e dos repórteres e às alianças que se estabeleceram entre eles e o poder constituído.

Os especialistas da comunicação só nas últimas décadas se voltaram para o estudo da influência da mídia nas crises e principais acontecimentos que marcaram a vida política brasileira. Isso ocorreu a partir dos anos 1970-80, quando esses especialistas adotaram um tratamento diferenciado em seus estudos, sendo então a mídia analisada dentro de um contexto político em que as eleições, a televisão e o *marketing* político se tornaram fenômenos explicativos do processo político.

As eleições presidenciais de 1989, quando foi eleito o primeiro presidente da República após 29 anos sem eleições diretas, foram um estímulo para novos estudos sobre mídia e política e para um novo campo de reflexão sobre eleições e mídia. Abriu-se um campo de estudos não apenas para cientistas políticos, mas também para especialistas em comunicação. Hoje, em algumas universidades e centros de pesquisa são elaborados trabalhos sobre a conexão entre mídia e eleições com diferentes perspectivas de análise.

As deficiências nas análises podem também ser explicadas por outro obstáculo: a dificuldade de acesso aos arquivos dos jornais, revistas, estações de rádio e canais de televisão, que estavam e continuam fechados aos pesquisadores. Os estudiosos só têm acesso às coleções dos jornais e revistas e à programação de algumas estações de rádio e televisão. Essas deficiências têm sido contornadas com a obtenção de depoimentos orais de jornalistas envolvidos nos acontecimentos analisados. Por meio deles, os pesquisadores têm obtido informações sobre a trajetória de vida dos jornalistas, sua formação e carreira profissional, as mudanças introduzidas nas empresas e no jornalismo.

A mudança nesse quadro, que ocorreu do lado tanto do historiador/cientista social quanto dos estudiosos da mídia, está, sem dúvida, referenciada à introdução, a partir dos anos 1970-80, dos cursos de pós-graduação na área de história e de comunicação. A exigência de dissertações de mestrado e teses de doutorado abriu caminho para a difusão de métodos de pesquisa mais modernos, para a abertura a novos temas e para a valorização de estudos interdisciplinares. No campo da história, constatamos a utilização de novas fontes, como as orais e visuais, a introdução de análises comparativas e a relação com as outras ciências sociais. Esses elementos foram determinantes para o emprego de novos métodos de análise, novos conceitos e técnicas de pesquisa. Ao mesmo tempo, permitiram ampliar o campo de estudo da história, que incorporou novos objetos de análise, se interessou por outros fenômenos sociais que até então tinha negligenciado. Nesse contexto, a mídia se tornou um dos novos objetos de estudo da história.

O debate entre historiadores, cientistas sociais e estudiosos da comunicação encontrou nas reuniões de associações como Sociedade Brasileira de Pesquisadores em Jornalismo (Sbpjor), fundada em 2003, Associação Nacional de Pós-Graduação em Comunicação (Compós), fundada em 1991, Associação Nacional de Pós-graduação em Ciências Sociais (Anpocs), criada em 1987, Sociedade Brasileira de Estudos Interdisciplinares de Comunicação (Intercom), criada em 1977, Associação Nacional de História (Anpuh), de 1961, entre outras, espaço para o debate interdisciplinar, o confronto de ideias, a apresentação do resultado de pesquisas e o estímulo para novos estudos. As modificações que ocorreram no jogo político também devem ser consideradas fundamentais: elas abriram caminho para novos estudos e novas interpretações.

Entretanto, restam muitos desafios para ampliar o conhecimento sobre o jornalismo e sua prática, suas especificidades, a profissionalização dos jornalistas brasileiros, os editoriais e editorialistas, cronistas, colunistas. Faltam-nos estudos comparativos com a América Latina e outros países, o que é essencial para fazer avançar o conhecimento e estimular a reflexão. Seria fundamental haver estudos acerca da percepção dos empresários da mídia e dos jornalistas sobre o papel dos cursos de comunicação e dos de pós-graduação na renovação do jornalismo brasileiro e na formação da identidade dos jornalistas. Traçar o perfil dos dirigentes das empresas de mídia permitirá entender as mudanças que foram introduzidas e avaliar a orientação que deverá ser dada nas próximas décadas. Quem são os responsáveis pelas decisões nas empresas? Quem comanda a administração, a política, as inovações? Qual a origem social e a formação profissional da elite dirigente da mídia?

Um desafio para os estudiosos da mídia é dar conta dos serviços de informação e divulgação das empresas, instituições administrativas, governamentais, ministeriais, parlamentares e outras, que destinam aos jornalistas um fluxo enorme de informações. Como o poder desses serviços pressiona e direciona a escolha dos jornalistas e como introduz distorções nas análises dos acontecimentos? Esse é também um tema a ser explorado.

A internet, que está revolucionando a forma como nos comunicamos, é um tema que já vem sendo estudado. É necessário, porém, um olhar mais atento para as mudanças políticas que estão sendo introduzidas por essa nova tecnologia e para os novos conceitos que procuram dar conta das transformações na comunicação por ela provocadas.

Só recentemente foram realizados estudos sobre a imprensa regional e sua contribuição na ampliação da informação. Poucos estudos foram feitos sobre a imprensa dedicada a movimentos sociais, a grupos minoritários, veículos que reconstituem visões de mundo e parte da história dessas organizações. Também é reduzido o número de análises sobre as técnicas e metodologias de pesquisa em comunicação. Hoje já se fazem excelentes trabalhos sobre o uso de caricaturas, o discurso, a linguagem, a semiótica, que permitem compreender os fenômenos culturais. Para avançar um pouco mais, seria importante verificar que autores teóricos estão influenciando os estudos sobre mídia no Brasil. Como as teorias modernas de comunicação estão sendo apropriadas pelos pesquisadores brasileiros? Essas e outras questões devem ser indicadas ao se discutirem as diversas perspectivas e métodos de estudo do jornalismo.

Para concluir, devemos ressaltar que a produção dos pesquisadores brasileiros tanto na área de história/ciências sociais quanto na de comunicação, nos últimos anos, tem sido significativa, o que é atestado pelas teses, pelos livros, pelos textos apresentados em seminários e congressos, e pelos diversos periódicos dedicados ao tema. É um indício promissor.

Referências

ABREU, Alzira Alves de (Org.). *A imprensa em transição*. Rio de Janeiro: Ed. FGV, 1996.

____; WELTMAN, Fernando Lattman. Fechando o cerco: a imprensa e a crise de agosto de 1954. In: GOMES, Angela de Castro (Org.). *Vargas e a crise dos anos 50*. Rio de Janeiro: Relume-Dumará, 1994.

____; ____. Uma instituição ausente nos estudos de transição: a mídia brasileira. In: ABREU, Alzira Alves de (Org.). *A democratização no Brasil*. Rio de Janeiro: Ed. FGV, 2006.

BAHIA, Juarez. *A história da imprensa brasileira*. São Paulo: Ática, 1990.

BARBOSA, Marialva. *História cultural da imprensa*. Brasil — 1900-2000. Rio de Janeiro: Mauad X, 2007.

CAPELATO, Maria Helena. *Imprensa e história do Brasil*. São Paulo: Contexto; Edusp, 1988.

____. *Os arautos do liberalismo*: imprensa paulista 1920-1945. São Paulo: Brasiliense, 1989.

____; PRADO, Maria Ligia. *O Bravo Matutino*: imprensa e história da comunicação. Brasília: Ed. UnB, 1967.

DUARTE, Celina Rabello. Imprensa e redemocratização no Brasil. *Dados*, Rio de Janeiro, v. 26, n. 2, p. 181-195, 1983.

LAGO, Cláudia; ROMANCINI, Richard. *História do jornalismo no Brasil*. Florianópolis: Insular, 2007.

MELO, José Marques de (Org.). *Inventário da pesquisa em comunicação no Brasil (1883-1983)*. São Paulo: Port-COM; Intercom, 1984.

____. *Imprensa brasileira*: personagens que fizeram história. São Paulo: Imprensa Oficial do Estado de São Paulo; Universidade Metodista de São Paulo, 2005.

____; SILVA, Carlos Eduardo Lins. *Perfis de jornalistas*. São Paulo: FTD; USP, 1991.

MIGUEL, Luis Felipe. Retrato de uma ausência: a mídia nos relatos da história política do Brasil. *Revista Brasileira de História*, São Paulo, v. 20, n. 39, p. 191-199, 2000.

RIBEIRO, Ana Paula Goulart. *Imprensa e história no Rio de Janeiro dos anos 50*. Rio de Janeiro: E-papers, 2007.

RUBIM, Antonio Albino Canelas; AZEVEDO, Fernando Antonio. Mídia e política no Brasil: textos e agenda de pesquisa. *Lua Nova*: revista de cultura e política, n. 43, p. 189-216, 1998.

SODRÉ, Nelson Werneck. *História da imprensa no Brasil*. 4. ed. Rio de Janeiro: Mauad, 1999.

TASCHNER, Gisela Goldstein. *Folhas ao vento*: análise de um conglomerado jornalístico no Brasil. Rio de Janeiro: Paz e Terra, 1992.